人生随时要淡定

门马◎编著

中国长安出版社

图书在版编目(CIP)数据

人生随时要淡定/门马编著. ——北京：中国长安出版社,2012.1

ISBN 978-7-5107-0489-5

Ⅰ.①人… Ⅱ.①门… Ⅲ.①人生哲学-通俗读物 Ⅳ.①B821-49

中国版本图书馆CIP数据核字(2012)第007563号

人生随时要淡定

门马 编著

出版:中国长安出版社

社址:北京市东城区北池子大街14号(100006)

网址:http://www.ccapress.com

信箱:ccapress@yahoo.com.cn

发行:中国长安出版社　全国新华书店经销

电话:010-85099947　85099948

印刷:三河市航远印刷有限公司

开本:710毫米×1000　毫米　1/16

印张:17

字数:200千字

版次:2012年4月第1版　2012年4月第1次印刷

书号:ISBN 978-7-5107-0489-5

定价:29.80元

前　言

人的一生总会有成功的时候，也难免有遭受挫折、失败的时候。今天成功地站在顶峰，但是明天说不定就会一个跟头栽入万丈深渊。职场、官场、商场，乃至情场，都是如此。

成功或失败，这些都不是问题，问题是我们站在成功的顶峰或跌入失败的深渊时，以什么样的态度去面对它？成功时，我们一副趾高气昂的姿态，而遭遇失败时则是一蹶不振、萎靡颓废的表情。这两种精神状态，不管是哪一种，都不是应该倡导的，我们所倡导的人生是一种淡定而祥和的人生。也就是不管在成功还是失败时都要保持淡定，过一种淡定的生活，这才是大智者所信奉的准则。

柏拉图说过："生活从不简单容易，即使生活在顺境中，你也会遇到需要克服的困难。"人生不会总是那么圆满，谁都不可能在四季里一直享受春天的温暖与明媚。浮华与名利终将会散去，我们能做的就是及早地舍弃虚幻与浮躁，时刻保持一颗淡泊宁静的心。

不论成功或失败，我们生活的每一处都需要淡定的心态维持，情感、名利、进退取舍，烦恼等，都需要淡定的指引。

对于感情，我们需要淡定，因为不是我们的就不必再强求，因为"强扭的瓜不甜"，也因为爱的最高境界就是"他（她）幸福，就是你幸福！"

对于婚姻，更需要淡定，婚姻不是一纸文书，而是一辈子的承诺。婚姻是和谐的相处，是包容的胸怀，是真诚的理解。淡定地牵手前行，淡定地走过风雨，淡定地"和你一起慢慢变老"。

对于名利，它如过眼云烟，生不带来，死不带去，它就像一张网，网住你所有的快乐和幸福，只留下无尽的烦恼和忧愁。如果太重视名利，则会忽略人生的真谛，到头来终会后悔莫及。

学会以淡泊之心看待权力和地位，乃是免遭心灵痛苦的良方，也是得到人生幸福和快乐的智慧所在。

对于得失，更没必要计较，因为人的一生都是在得与失中度过的，得与失是相互转化的，只不过是瞬间的事，又何必费尽心思计较呢？淡然面对，坦然生活，岂不是更好？

总之，不管什么时候什么事情，我们都要保持一种淡定的姿态。淡定不是平庸，它是一种生活态度，一种人生境界，是智慧的不争，是宠辱不惊，是对简单生活的一种追求。

淡定的人是智慧的，是聪明的，是优雅的；又是一杯茶，恬适地生活，没有爱慕虚荣的飞扬跋扈与名利官场的尔虞我诈；还是一本厚厚的经书，深知得与失、取与舍之间利弊的权衡；更是一片绿叶，会在终日的忙碌中，抽出片刻的闲暇滋养一下自己的心田。

我们这个时代很需要“淡定”。我们每个人都需要这种心态，这样在生活中才会处之泰然，不会太过兴奋而忘乎所以，也不会太过悲伤而痛不欲生。总之，人生随时要淡定！

目录

第一章 名利是苦果，需慎重采摘

《圣经》上说，亚当夏娃因偷吃伊甸园禁果而终被赶出园外，受到惩罚，可见这个禁果是不能随便乱吃的。在当下，也有一种果子是不能随便乱吃的，那就是名利这枚苦果。名利成为很多人追求的对象，不惜贪污、受贿等违法手段，最终走向犯罪的深渊，所以说，名利是苦果，采摘还需慎重。

目录

人生随时要淡定

第二章 平淡对待得失，冷眼看尽人生繁华

罗贯中《三国演义》的第一句话就是『分久必合，合久必分』，这是他对天下大势的总结。天下大势如此，人生的得失更是如此。得失不过是一瞬间，人生是在得失中来来回回地度过，因此，世人没必要因此而大喜或大悲，以一颗平常而淡定之心去看待一切，要以冷眼看尽这人生的繁华。

目录

人生随时要淡定

第三章 张开手，世界就在手中

『紧握双手，手里什么也没有；张开双手，世界就在手中。』对于欲望，人们往往总是予取予求，没有丝毫节制，想把整个世界都紧握在自己手中。却殊不知，欲望越大，最后得到的却越少，就像双手紧握，想抓住所有的一切一样，越是紧握，就越抓不住所有，而张开手，得到的却是无比的满足和幸福感。

目录 人生随时要淡定

第四章 戒骄戒躁看世间百态

随着社会变得越来越快节奏化，人们似乎也跟着变得越来越急躁，对任何事情都想要一步登天。这自然是不太可能，正所谓『心急吃不了热豆腐』，甚至会『欲速则不达』，走向事情发展的反方向。由此看来，人还是需要避免急躁，用一颗淡定的心来对待世间所有的一切。戒骄戒躁，用一双淡定的『眼睛』来观赏这世间百态。

人生随时要淡定

目录

第五章 删除昨天的烦恼，成全明天的美好

生活就是删除昨天的烦恼，复制今天的快乐，成全明天的美好。生活中有很多小事，有人说『这些小事总烦扰着我』，其实，不是小事烦扰你，而是因为你的心还不够淡定，正所谓『心静自然凉』，只要拥有了一颗淡定之心，那你什么烦恼就都不会有了。

目录

人生随时要淡定

第六章 有一种感情云淡风轻

人们都记得那种生死相依的爱情，却也同时羡慕那种凄凉的爱情。但是爱情不一定需要拥有，有时爱情更是一种分别后淡淡的思念，是一种只要你开心，我就幸福的味道。爱情需要淡定，不是曾经的紧抓不放，而是铅华洗尽后勇敢而果断地放手，在心间留一份牵挂，一份思念，甚或一份憧憬，然后安静地固守这份淡淡的情怀，像江南烟雨，似晚间夕阳，云淡风轻！

人生随时要淡定 目录

第七章 婚姻是条绳，这头牵着你，那头拴着我

婚姻是爱情的升华，在婚姻的长河里，我们需要手牵手，肩并肩，共同走过风风雨雨。婚姻里的夫妻本是一体，一荣俱荣，一损俱损。少了男人的关怀，女人的日子过得没有滋味；少了女人的宽容，男人的日子过得没有激情。因此，婚姻是条绳，这头牵着你，那头拴着我。

目录 人生随时要淡定

第八章 退一步海阔天空

人们都说“退一步海阔天空”，但是“退一步”需要一种宽容的胸怀，淡定的心态，这样才能真正地达到“海阔天空”。退一步不是害怕，更不是懦弱，它是一种修养，一种以退为进的策略，是真正的大智慧。在人生的道路上，只有保持淡定，懂得退步的人，才能成为真正的强者，才是最后的赢家！

目录

人生随时要淡定

第九章 积蓄力量，等待下一刻爆发

寒山问拾得：『世间有人谤我、欺我、辱我、笑我、轻我、贱我、骗我，如何处置乎？』这时，拾得说：『忍他、让他、避他、由他、耐他、敬他、不要理他，再过几年你且看他。』这才是聪明人的作法。有的人在他人『欺我、辱我、笑我』的时候，没有让心平静下来，做到淡定，从而和对方大打出手，最终害人害己，后悔一生。所以，与其后悔一生，还不如在他人『欺我、辱我、笑我』的时候，保持淡定的心，慢慢积蓄力量，然后再选择合适的时机昂首出击，这样不是更好吗？

第一章
名利是苦果，需慎重采摘

《圣经》上说，亚当夏娃因偷吃伊甸园禁果而终被赶出园外，受到惩罚，可见这个禁果是不能随便乱吃的。在当下，也有一种果子是不能随便乱吃的，那就是名利这枚苦果。名利成为很多人追求的对象，不惜贪污、受贿等违法手段，最终走向犯罪的深渊，所以说，名利是苦果，采摘还需慎重。

事业重要，我的名不算什么

“人人都说神仙好、惟有功名忘不了。”这是《红楼梦》里的开篇偈语，似乎在诉说繁华锦绣里的一段公案，又像是在告诫人们名利世界中的冷冷暖暖，人生是什么暂且不论，名利乃身外之物却最能累人。

淡泊名利，心无尘事，去实现远大的志向，笑看人生，海纳百川。多几分旷达，少一些妒忌，多几分潇洒，少一些烦恼，对名利保持几分淡泊，对生活多出几张笑脸，你轻松，我愉快。人生一世，草木一秋，归心自然，何乐而不为？不为名利牵伴，不为金钱诱惑，这就是优秀院士马祖光的人生写照。

1999年，马祖光得知学校把为自己申报院士的材料寄出后，十万火急地给中科院发出一封信，内容是：“我是一个普通教师，教学平平，工作一般，不够推荐院士条件，我要求把申报材料退回来。”只因为很多比他优秀的学者都还没有成为院士。

2001年，新的院士评审规则要求申报材料必须由申请者本人签字，马祖光却拒绝签字。申报期限最后一天，原校党委书记李生只好以校党委名义到他家做工作。

“我年纪大了，评院士已经没有什么意义了，机会应该给优秀的年轻同志。我一生只求无愧于党就行了。”马祖光还是不同意签字。

“你评院士不是你个人的事，这关系到学校，是校党委做出的决定。你是一名党员，应该服从校党委安排。”李生接着他的话题聊起了学校的党建工作，这激起了马祖光对入党以来的美好回忆：“我这一辈子都服从

党组织的安排……”李生赶紧接过话头，“那你再听从一次吧!”

“迂回战术”奏效了。马祖光勉强签了字，半天不吭气。申报后，马祖光当选为中科院院士，他说：“第一是党的教育和培养，第二是依靠优秀的集体，第三是国内同行的厚爱。”

这里有一个小插曲。中科院审阅马祖光的院士推荐材料时，产生了疑问：作为光学领域知名专家，马祖光的贡献有目共睹，可许多论文中他的署名却在最后，为什么？

哈工大光电子技术研究所博士生导师胡孝勇说：“他为别人做了大量准备工作，花了大量心血。他依据每个人的特点，把争取来的很多课题分出去，让别人当课题组长。马老师没有半点儿私心。”

哈工大光电子技术研究所博士生导师王月珠说：“马老师从德国回来后，把自己在国外做的许多实验数据交给我测试。测试后完成的论文他改了三四遍，我便把他的名字署在前面，他一口回绝，最终他的名字还是排在最后。”

几乎每一篇论文的署名都有这么一个过程：别人把马祖光排在第一位，他立即把自己的名字勾到最后，改过来勾过去，总要反复多次。

2001 年马祖光评上院士后，学院给他配了一间办公室，并要装修。马祖光急了：“要是装修，我就不进这个办公室。”最后不但没进去，他还把办公室改成了实验室。马祖光和六名同事们挤在一个办公室里，大伙说太挤，他却说：“挤点儿好，热闹!”

克己奉公，淡泊名利。正如马祖光所说：“事业重要，我的名不算什么!”

正确对待名利，一个人无论取得了怎样的成绩，都应该清醒地看到：个人的力量和作用是有限的。不计名利得失，不计荣辱进退，吃苦在前，享受在后，把自己的一切献给国家和人民。

从古至今，有多少人挣扎在名利场上，正所谓，“天下熙熙，皆为利

来，天下攘攘，皆为利往。”有多少人能像马祖光这样，真正做到淡泊名利、笑看人生呢？

淡泊是一种处世的态度，是一种人生的情怀，是一种生命的境界。懂得淡泊，并能做到淡泊的人是快乐的、幸福的。人贵有淡泊心，淡泊如天上的白云，地上的泉水，空中的明月，山涧的清风。有了淡泊心，我们才能用一种超然的心态对待眼前的一切，不做世间功利的奴隶，也不为凡尘中各种牵累所左右，使自己的人生不断升华。

人生箴言：人生在世，有很多种活法，追名逐利是其中一种，而且这已经成为现代社会的一种普遍现象。除此之外，还有一种就是和它相对的活法，那就是甘愿做个淡泊名利之人，粗茶淡饭，布衣短褐，以冷眼洞察社会，静观人生百态。这样才能活出自己美好的风采，活出自己幸福的人生。

这杯毒酒，可别喝

名利是杯毒酒，功夫高且淡泊名利的人一眼便可看透，而对名利没有抵制力的人往往只闻到酒的香醇，却不知道酒的毒害。因此，奉劝广大读者朋友们：这杯毒酒，可别喝。名利对人来说是一种诱惑，它让你时时刻刻永不停息、永无止境地追求和索取，因为你无止境地追求，所以它给你带来的也许是浮华荣耀，也许是无尽的烦恼。

唐建中二年，成德李惟岳、淄青李正己、魏博田悦与山南东道梁崇义四镇节度使联兵叛唐，形成“四镇之乱”。唐德宗李适下令调集兵马平叛。

公元781年和782年，唐河东（今山西永济蒲州一带）节度使马燧、昭义（今山西长治一带）节度使李抱真、神策先锋李晟两次大破田悦军。田悦收拾残兵，逃回魏州（魏博的治所），守城自保。马燧兵围魏州，但久攻不克。朝廷派马燧等军进击田悦的同时，命幽州节度使朱滔攻成德李惟岳军。李惟岳大败，逃回恒州（今河北正定）。部将王武俊杀李惟岳，投降朝廷。山南东道梁崇义、淄青李纳（时李正己已死，其子李纳统领军务）也都被朝廷派兵战败。梁崇义投水而死，李纳上书朝廷，请求悔过自新。整个平叛战局对朝廷很有利。官军一时取胜，进剿有功的节度使都争封地。王武俊和朱滔认为朝廷分封不均，心怀不满，被困在魏州的田悦得知后，遣使前往离间。朱滔、王武俊素有异志，三方一拍即合，于是三镇联合叛唐。公元782年初夏，朱滔、王武俊率军救援魏州田悦。朱、王两支兵马抵达魏州时，魏人欢声雷动，田悦备酒肉出迎。第二天，朝廷派来增援马燧的朔方（今宁夏灵武一带）节度使李怀光，率步骑15000人也赶到魏州城外，马燧领将士列队欢迎。

朱滔见李怀光率军来支援马燧，立即出阵。李怀光有勇无谋，想乘朱滔、王武俊二军营垒未立就挥师出击。马燧建议说：先让将士休息一下，待敌情观察清楚后再战。李怀光刚愎自用，对马燧说：“等对方立成营垒，后患无穷，不可错过现在的大好时机。”于是挥军出战。两军接战，李怀光军勇猛冲杀，斩杀叛军步卒千余人，朱滔引兵败退。李怀光骑在马上观望，骄矜自得，任凭士卒们窜入朱滔军营争掠财物。这时，王武俊率2000名骑兵突然横冲过来，把李怀光军一截为二。朱滔亦引兵反击。李怀光军大败，被逼入永济渠（今卫河）溺死，互相挤踏而亡者不可胜数，尸积永济渠，渠水为之断流。马燧欲出兵相救已不及，急忙命令本军严密守住营垒，才免于与李怀光军同时溃败。当晚，叛军又放水截断官军粮道和退路。第二天，道中水深3尺，官军被困。马燧大惊，被迫派人向朱滔等婉言求和，保证遣还诸节度使军权，并向唐皇保奏，让朱滔统辖整个河

北。官军撤兵后，11月，朱滔、王武俊、田悦宣誓结盟，推朱滔为盟主，称冀王，田悦称魏王，王武俊称赵王，李纳称齐王。唐廷这次平叛遂彻底失败。

由于见利而不见害，李怀光败于魏州，这完全是由于不能忍于利的诱惑而失败的。

人们大都喜欢名利，成名使人有成就感，精神振奋。得利能够使人有满足感，心情愉悦。一般的情况下，人们也惧怕灾难，灾难令人感情痛苦，心智受到损害。所谓趋利避害是人的共同心理，无论是君子或是小人，在这一点上其实都是一样的，只不过追求名利、逃避灾害的方式不同罢了。愚蠢不知事理的人总是被眼前微小的利益所迷惑而忘记了其中可能隐藏的大灾祸，只见利而不见害。

因此，聪明智慧的人看到名利，就考虑到灾害；愚蠢的人看到名利，就忘记了灾害。考虑到了灾害，灾害就不会发生；忘记了灾害，灾害就会出现。

人生箴言：人生一世，草木一秋。人来到地球，只不过是一个来去匆匆的过客。名和利都是过眼烟云，是身外之物，生不带来，死不带去，一生为名利所累，实在是本末倒置。不如放下名利之心，戴一副名叫淡定的“眼镜”，去看待世间万物，这样就不会受到来自名利的困扰，从而享受人们应有的快乐和美好幸福的滋味。

一片冰心在玉壶

天下熙熙，皆为利来；天下攘攘，皆为利往。人生堪不破“名利”二字，就会受到终身的羁绊。名利就像是一副枷锁，束缚了人的本真，抑制了对于理想的追求。现代人生活在节奏越来越快的年代，成就感的诱惑始终存在，有太多的诱惑，太多的欲望，也有太多的痛苦，因此我们身心疲惫不堪。一个人要以清醒的心智和从容的步履走过岁月，在他的精神中就不能缺少气魄，一种视功名利禄如浮云的气魄。

不拘于物，是古往今来许多人一生的所求。视功名利禄如浮云，不必为过去的得失而后悔，不必为现在的失意而烦恼，也不必为未来的不幸而忧愁。抛开名利的束缚和羁绊，做一个本色的自我，不为外物所拘，不以进退或喜或悲，待人接物豁然达观，不为俗世所滋扰。

烦恼和羁绊都是由于自己的不能舍弃或是看得太重而引起的。人生于世，无论君子圣贤雅士也好，还是小人俗人凡人也好，谁也不可能无所谓的舍弃。俗人爱财，难道君子就不需要了吗？圣贤如果没了一日三餐，他也要去赚钱的。但不要执著，要懂得放下。拿得起放得下，这才是俗世的淡泊。俗世的淡泊名利，不仅是保全自己的办法，更是一种个人的修养。

唐朝某年间的一个清晨，在润州西北的芙蓉楼上，来了两位士人。他们一位是大名鼎鼎的诗人王昌龄，另一位则是他的朋友辛渐。

昨夜的漫江寒雨现在渐渐停了，寒雨增添了几分萧瑟的秋意。两位朋友在这个清冷的地方，面对着滚滚流去的长江水，互相交谈着。王昌龄说：“辛兄，这次一别，不知何日再能见面啊。”原来，辛渐要从这里渡

江北上，取道扬州到洛阳去，现在船已经停泊在岸边了。

辛渐说："昌龄兄情深义长，你从江宁送我到润州，昨晚在这里为我饯行，今天又来送我，叫我如何报答呢！这回我们谈得畅快，使我明白了这些年来你受到的委屈和折磨。希望你放开胸怀，好好保重自己！"

王昌龄曾因不拘小节，受到当时某些人的批评指责，甚至进行无中生有的诽谤。为此，几年前他就被贬官岭南，然后又被任为江宁丞，终是屈居在下级官吏的行列中，对此王昌龄淡然处之。此刻，他感到惆怅的倒是辛渐走后，自己又少了一个知己。辛渐知道，王昌龄在洛阳有不少亲友，他们也一定听到了外界一些不利于王昌龄的非议。他便关心地问："昌龄兄，我去洛阳，你有什么话要我带给那边的亲友吗?"

王昌龄昂起头，目光炯炯地说："有！因为要给你饯行，我做了一首诗。"于是，他对着浩浩江水，朗声吟了题为《芙蓉楼送辛渐》的诗：

寒雨连江夜入吴，平明送客楚山孤。洛阳亲友如相问，一片冰心在玉壶。

辛渐被感人的佳句打动了，连连赞道："好诗！好诗！'一片冰心在玉壶'，这表明你始终坚持自己清白自守的节操，多么高尚，令我钦佩！这句诗足可告慰你在洛阳的亲友了。我也很高兴，因为你的大作对我无疑是一件难得的珍宝哩！"两位朋友再次珍重道别，辛渐登上了江边的船，扬帆而去。岸边的王昌龄，遥望远处矗立的楚山，觉得自己也像楚山那样孤零零的。

一片冰心在玉壶，追求自身的高洁，用淡泊的心怀看待世事，这是高超的做人和处事的哲学。自己内心纯洁，就不怕别人的恶意诋毁和诽谤；抱着淡泊的胸怀，名利如浮云一般，入不得耳目，扰不了心志。只有这样，人生才踏实、充实。

人生箴言：德国哲学家康德就非常厌恶"沽名钓誉"，他曾经幽默地

说："伟人只有在远处才发光，即使是王子或国王，也会在自己的仆人面前大失颜面。"也许正是因为有了这样一份淡泊的心境，世界才又多了几丝温暖，几分快乐；也许正是少了几分对名利的追逐，世界才又多了几分自在，几般快慰。

淡泊胸怀，独善自身，人生便不受困扰，心神才会一片安泰！

别为名而累了自己

有这样一个故事：

格林是一位长跑冠军，在运动场上，他英姿飒爽，活力十足，受到很多观众的喜爱。被人们冠以"长跑之神"的称号。格林十分看重自己在他人心目中的形象，尤其是公众，并以此为骄傲。有一次，格林生病去看医生，被医生查出胃病，如果能够及时治疗，很快便可康复。但格林有点讳疾忌医，他不但不愿意告诉别人，反而要求医生替他保守这个秘密，像守护军情一样为自己守护着病情。原来，他害怕消息一旦传出，就会给公众留下一个弱者的形象，而"长跑之神"的称号也将从此不复存在。

终于有一天，格林终于挺不过去了，他被家人送进医院。遗憾的是，此时治疗已经是回天乏术，三天之后，他便带着无限的遗憾离开了人间。医生感慨地说："他并不是死于劳累，而是死于自己的名利之心。"

为了能够维持自己的"光辉形象"，格林竟然付出了生命的代价，实在不值得。这个故事给予人们这样一个警示：做人，不要为名利所累。

其实在我们的工作生活中，如果过分地注重于追求所谓的虚名，而不懂得忍耐，不懂得图有虚名只会让我们增加更多无谓的负担，只会让我们

没有更多的精力去追求真正让我们无愧于心的“名”或“声望”。

韦世康是京兆村陵人。他的父亲是一个隐居之士，魏、周两代，朝廷召其父出世任职，他拒绝不出，人称逍遥公。韦世康自幼受其父影响，处事沉稳，颇有器度。

隋文帝杨坚做北周丞相时，相州总管尉迟迥起兵作乱。杨坚派韦世康出任绛州刺史，并对他说：“汾、绛地区是原来北齐、北周两国的交界地区，现在受尉迟迥叛乱影响，恐怕会动荡不安。我把这一地区交给你，你要好好地守卫它。”韦世康上任后，尽心竭力，事无大小，都亲自处理，结果辖区之内清静无事，受到杨坚的赞扬。韦世康天性恬静简朴，喜欢古事，不在意得失，在绛州任职期间，曾有隐退的意思。他在给子弟的信中写道：“我生在多事之秋，为朝廷所看重，因而为主效命已经多年。如今人虽未老，但壮年已过，再经不起世上的风风雨雨。对于俸禄和名声，我并不在意，为了防止它过高、过满，我还不如早退。”后因几个子弟都劝他，说现在辞职不合适，韦世康才暂时打消了这个念头。

隋开皇四年，韦世康因为母亲去世，辞职回家操办丧礼。时间不长，朝廷又起用他。韦世康坚持请求辞职，杨坚没有批准。

隋开皇十三年，韦世康回朝任吏部尚书。休闲的时候，他对子弟们说：“我听说功成身退是古人的常道。现在我已年近60，名声地位也很高了，想辞职隐退，你们觉得怎么样？”子弟们都表示同意。于是韦世康趁皇帝宴请百官之机，先对皇帝下拜了两次，然后说：“我这个人没什么功绩，现在地位官职却很高。如今年纪大了，恐怕不能担负起国家的重任。因此希望陛下能批准我回家养老，把职位让给有才能的人。”皇帝安慰了他半大，结果仍没有批准，让他出任荆州总管，以便轻松从事。

韦世康一直有辞职隐退的打算，可惜都没能成功。最后终于在他67岁的时候，死在官道上。

韦世康本身淡泊名利，但是却很无奈地在名利中挣扎沉浮，因没有及

时逃离名利的束缚，最终身死官场。这对于那些争名逐利的人来说无疑是一个很好的事例，因为像韦世康这样不争名例的人下场都是如此，又何况那些争得不亦乐乎的人呢？因此，我们千万不要为名所累，否则我们将失去所有的一切。

人生箴言：不求虚名，才可以让我们心无杂念地投身于我们所从事的行业中，才可以不增加我们原本已满的大脑和心灵的负担，才可以让我们轻装上阵，去实现我们的理想。不图虚名，才能不为自己增加负累，才能轻松地攀登成功之巅。

不做趾高气昂的人

人生活在这个大社会、大环境之下，就避免不了要和人接触，不管是亲朋好友还是陌生人，我们都要平易近人，只有放下身架，平易近人，才能拥有别样的人格魅力，才会受到他人的尊敬和赞美。

一次，英国维多利亚女王与丈夫吵了架，丈夫独自回到卧室，闭门不出。女王回卧室时，只好敲门。

丈夫在里面问：“谁?”

维多利亚傲然回答：“女王。”

没想到里边既不开门，也无声息。她只好再次敲门。

里边又问：“谁?”

“维多利亚。”女王回答。

里边还是没有动静。女王只得再次敲门。

里边再问："谁?"

女王学乖了，柔声回答："你的妻子。"

这一次，门开了。

维多利亚虽然贵为女王，但在她丈夫面前，她毕竟只是个妻子，他们的地位是平等的。人没有高低贵贱之分，因此，一些名气较大，收入较高的人千万不要以此为借口，向人炫耀，摆出一副"上上人"的姿态，这样的人很难得到别人的尊敬，更不可能交到朋友。

她是个高傲、自信且美丽动人的女人，她月薪1万，是外企的职员，但她还是不满意自己的现状，总想着要重新去找一份工作，重新开始一种生活，她已经厌倦了这里的一切。同事关系是一个因素，在公司她没有要好的女同事，也找不到人和她聊天。不知道是在一起时间长了还是彼此道不同不相为谋，她觉得她们世俗得可怜。对待身边的亲戚，她永远是嗤之以鼻……久而久之，她的这种做派招来了同事的疏远、主管的找茬，可她还是不愿意改变自己。但是最近发生的一件事让她终于明白，原来是自己错了，并错了很久。

有一天，她和平常一样，穿着价值三千多的真丝连衣裙出门准备上班，虽然她知道大家还是不欢迎她，可是她才不会去管这些，没必要和那些世俗的女人计较……

正想着这些的时候，她惊叫了一声："啊——"因为环卫大妈的扫帚扫到了自己的裙子上，一个脏脏的印子落下了。

今天还怎么上班？一想到到办公室会被人笑话，她便把所有的责任发泄到了老大妈身上。

"你是怎么扫地的，不会看着点儿啊？我的裙子很贵，还有，我怎么去上班?"一连串的话从她的嘴里冒出来。

"对不起，小姐，刚刚是你自己撞在了我的扫帚上的，不过我会赔的，要不我给您擦擦?"老人从口袋里掏出一块手绢正要给她擦，她下意识地

往后一躲。

“别让你的脏手碰到我的衣服，越擦越脏。你赔？你怎么赔？就这样赔吗？”

“我这里有300块钱，要不重新买一件吧，应该够了吧？这是我刚发的工资。”

“300？我这衣服3000，像你这样的工作赔得起吗？你说怎么办吧？”

老人真不知道该怎么办了。这时候很多人围了上来看热闹。她从人群中听到一些话：“这么漂亮的姑娘怎么这样啊，不就一件衣服，至于吗？”

“是啊，即使是女王也不能对一个老人这样啊，况且好像还是个知识分子呢。”

“人和人之间是平等的，职业也没有高低贵贱之分啊。”

听到这些话后，她感觉脊梁骨被人戳了一下，趁着慌乱，忙不迭地“逃走”了。

只有尊重别人，才会获得对方同样的尊重。贬低别人，也同样是在贬低自己。女白领本应受到社会的尊敬和羡慕，但是因为她总觉得自己高人一等而瞧不起别人，不给别人适当的尊重，因此，她受到人们的愤慨和谴责。

人生箴言：尊敬他人，就是尊敬你自己。如果看重名利，从名利的角度看人的话，那就会趾高气昂，不可一世，这样的人即使社会地位再高、事业再成功，也会被人“瞧不起”。所以，真正有智慧的人，在对待他人时都知道应该平等待人，即使是一个非常了不起的人。

放开名利的羁绊

在现实生活中，名誉和地位常常被作为衡量一个人成功与否的标准。追求一定的名声、地位和荣誉，已成为一种极为普遍的现象。在很多人心目中，只有有了名誉和权力才算是实现了自身价值。

能使一个人满足的东西可以很多也可以很少。人生天地之间，转瞬来去，就像是偶然登台、仓促下台的匆匆过客。人生既然如此短暂，活着就要珍惜人生，不能贪图权势。

美国的发明家莱特兄弟(维尔伯·莱特和奥维尔·莱特)于1903年驾着自己发明的飞机首次飞行试验成功，之后，兄弟二人名扬天下。虽然成为世界的知名人物，但他们从不把名声二字放在心上。依然像以前那样，默默地努力工作，不写自传，也不参加毫无意义的宴会，更不接待试图采访他们的新闻记者。

莱特兄弟的淡泊名利让人敬佩。一个人活在世上，不去过分地追逐名利，只执著于自己的兴趣爱好，这是一种对世事的淡然心理。

从容是一种心态，同时也是一种方法，一种心灵的方法，一种坚持的方法。学会以淡泊之心看待权力地位，不仅是免遭厄运和痛苦的良方，也是一种超然于世外的智慧。

同样，爱因斯坦的淡泊名利也是众所周知的。

翻遍了人类史册，像爱因斯坦这样“平地一声雷”享名于世界的人，确实是一件不可思议的事情。最值得惊异的是，以一个“数学教授”的地位，竟能如此“走红”，成为全球报章刊物的重要资料；以“科学家”身

份，竟能如此名闻遐迩！

更令人惊奇的是，爱因斯坦的名字虽然早已“红得发紫”，可他自己竟然“还不知道”，直到后来他突然“发觉”了，在答复新闻记者询问时，他还说他“成名”连他自己都“莫名其妙”。

大多数人所汲汲追求的名声、富贵或奢华，他都看得非常轻淡，这样的爱因斯坦也因此留下了无数佳话。

据说有一次，某艘船的船长为了优待爱因斯坦，特地让出全船最精美的房间等候他，谁想到竟被他严辞拒绝了。他表示自己与他人无异，所以绝不愿意接受这种特别优待；他具有这种虚怀若谷、执着而又坦然率真的人生态度，难怪一直都是人们敬佩的对象。

从容处世，淡泊名利，是事业成功、学业有成的不可忽视的法则。如果一味地争名夺利，不但不会使人流芳千古，甚至可能会让人身败名裂。

焦耳，这个名字我们都很熟悉。从 1843 年起，焦耳提出“机械能和热能相互转化，热只是一种形式”的新观点，这无疑促进了科学的进步。他前后用了近 40 年的时间来测定热功当量，最后得到了热功当量值。

事实上，与焦耳同时代的迈尔是第一个发表能量转化和守恒定律的科学家。当迈尔等人不断地证明能量转化和守恒定律的正确性，终于使得这一定律被人们承认的时候，名利欲望的膨胀驱使焦耳向迈尔发起了攻击。焦耳发表文章批评说，迈尔对于热功当量的计算是没有完成的，迈尔只是预见了在热和功之间存在着一定的数值比例关系，但没有证明这一关系，首先证明这一关系的应该是焦耳。随着焦耳发起的这场争论的扩大化，一些不明真相的人也一哄而上，纷纷对迈尔进行了不负责任的错误指责。迈尔终于承受不住这一争论和批评带来的压力，特别是焦耳以自己测定热功当量的精确性来否定迈尔的科学发现时，使得迈尔陷入了有口难辩的痛苦境地。这时，迈尔的两个孩子也先后因故夭折，内外交困中的迈尔跳楼自杀未遂，后来得了精神病。

虽然当年的迈尔被逼进了疯人院，但今天人们仍然将他的名字与焦耳并列在能量转化和守恒定律奠基者的行列。焦耳为争夺名利而扼杀他人，则让人们世世代代为之遗憾。

人生箴言：佛说："色即是空，空即是色。"放开名利的羁绊，做到粗茶淡饭，布衣短褐，淡泊一切，以冷眼洞察社会，静观人生百态，过一种淡定而快乐的人生！

在心中种一株淡泊之花

古人云："要淡泊名利。""淡泊"是一种古老的道家思想，《老子》就曾说："恬淡为上，胜而不美。"

世间的名利就像枷锁一样，会缚住我们的身心，不被名利束缚的人，才能自在，才能摆脱无尽的烦恼，才能获得最终的幸福。

一个人一生追求名利，终于做了当朝宰相，但是却终日烦恼缠身，于是就去寻求能够解脱烦恼的秘诀。一天，他走到山脚下，看见生长着绿草的牧场有个牧羊人骑着马，嘴里吹着笛子，发出悠扬的韵调，非常逍遥自在。于是他问这个牧羊人："你怎么过得这么快乐？能告诉我怎么才能像你一样快乐，没有苦恼呢?"

牧羊人说："没什么，骑骑马，吹吹笛，什么烦恼都忘记了。"

他试了试，但却没什么效果，于是，他放弃了这个方法，又去继续寻求。

不久，他来到一座庙宇，看见一个老和尚在打坐修行，面带微笑，看

起来是个充满智慧的人。他深深地鞠了一个躬，向老和尚说明来意。

老和尚说："你想寻求解脱吗?"

他说："是。"

老和尚说："有人把你捆住了吗?"

他说："没有。"

老和尚又说："既然没人捆你，谈什么解脱呢?"

名利如过眼云烟，生不带来，死不带去，它就像一张网，网住你所有的快乐和幸福，只留下无尽的烦恼和忧愁。如果太重视名利，则会忽略人生的真谛，到头来终会后悔莫及。

学会以淡泊之心看待权力地位，乃是免遭心灵痛苦的良方，也是得到人生幸福和快乐的智慧所在。

当代大学者钱钟书，终生淡泊名利，甘于寂寞，他谢绝所有新闻媒体的采访，中央电视台《东方之子》栏目的记者曾千方百计想冲破钱钟书的防线让他接受采访，但最终还是不无遗憾地对全国观众宣告：钱钟书先生坚决不接受采访，我们只能尊重他的意见。

美国著名的普林斯顿大学曾特邀钱钟书去讲学，每周只需钱钟书讲40分钟课，一共只讲12次，酬金16万美元。食宿全包，可带夫人同往。待遇如此丰厚，可是钱钟书却拒绝了。

钱钟书的著名小说《围城》发表以后，不仅在国内引起轰动，在国外反响也很大。新闻和文学界有很多人想见见他，一睹他的风采，都遭到他的婉拒。有一位英国女士打电话，说她读了《围城》迫切地想见他。钱钟书再三婉拒，她仍然执意要见。钱钟书幽默地对她说："如果你吃了个鸡蛋觉得不错，何必一定要认识那只下蛋的母鸡呢?"

1991年11月，钱钟书80华诞的前夕，家中电话不断，亲朋好友、学者名人、机关团体纷纷要给他祝寿，中国社会科学院要为他开祝寿会、学术讨论会，钱钟书一概坚辞。

正是钱老面对名利淡然处之的态度，才使他能够心尤旁骛地专注于自己的学术领域，成为一代大家。我们普通人也应该学习钱老，放下名利这些身外之物，关注心灵上的需求，才能达到人生更高的境界。

古人云："求名之心过盛必作伪，利欲之心过剩则偏执。"面对名利之风渐盛的社会，面对物质压迫精神的现状，能够做到视名利如粪土，视物质为赘物，在简单、朴素中体验心灵的丰盈、充实，并将自己始终置身于一种平和、自由的境界。

在我们生活的五彩缤纷的都市中，拥有一颗淡泊之心尤为重要，可以让我们不再为名利而变得忙碌不堪，也不必再为名利患得患失。放下名利的追逐，在我们每个人心中都种上一株淡泊之花，让我们的心灵不再为名利而困扰。

人生箴言：保持一颗淡泊名利的平常心，在朴实无华的心境中生活，于寂然中品味人生的艰辛，于宁静中净化自己的灵魂，你才能够在沉迷中变得清醒，在贪求中变得淡泊，对什么事都拿得起，放得下。

在金钱里寻求一个平衡点

要生存，要立足，要成器，不可能不与金钱打交道。现代社会，钱成了个人价值的证明。拥有金钱的好处明明白白地放在那里。

可是钱并不是万能的，金钱买不来到达真理彼岸、物我两忘的精神境界。金钱买不来手足亲情，买不来无私的爱心，买不来朋友间的和睦与和谐。金钱买不来愉悦豁达的心境，买不来发自内心的微笑，买不来孩童般

澄澈的眼眸。

在当今这个经济时代，很多人把钱看为唯一的“亲人”，沦为金钱的阶下囚。所以，对待金钱，我们应以一种平常心去看待，既不能忽视它的作用，又不能夸大它的力量，更不能甘做金钱的奴隶。

从前，有一个很有钱的富翁，他准备了一大袋的黄金放在床头，这样他每天睡觉时就能看到黄金，摸到黄金。但是有一天，他开始担心这袋黄金随时会被歹徒偷走，于是就跑到森林里，在一块大石头底下挖了一个大洞，把这袋黄金埋在洞里面。隔三差五，这个富翁就会到森林里埋黄金的地方，看一看。摸一摸这袋他心爱的黄金。

有一天，一个歹徒尾随这位富翁，发现了这颗大石头底下的黄金，第二天就把这袋黄金给偷走了。富翁发觉自己埋藏已久的黄金被人偷走之后，非常伤心，正巧森林里有一位长者经过此地，他问了富翁伤心欲绝的原因之后，就对这位富翁说：“我有办法帮你把黄金找回来!”话一说完，这位森林长者立刻拿起金色的油漆，把埋藏黄金的这颗大石头涂成黄金色，然后在上面写下了“一千两黄金”的字样。写完之后，森林长者告诉这位富翁：“从今天起，你又可以天天来这里看你的黄金了，而且再也不必担心这块大黄金被人偷走。”

富翁看着眼前的场景，半天都说不出话来，人不能太执著，你若太执著，哪能有解脱呢？

是的，金钱是人生的羁绊，尤其是那些拜金主义者。当拥有金钱时，他们欢天喜地，一旦失去金钱，他们就会痛苦万分，甚至有人还会跳楼自杀，真是可笑之极！因此我们要怀抱一颗平常之心去对待金钱，去处理金钱，而不要贪恋财富，丧失理智，使自己陷入不利的境地。

里奥·罗斯顿是好莱坞最胖的影星，1936年在英国演出时，因心肌衰竭被送进汤普森急救中心。抢救人员用了最好的药，动用了最先进的设备，仍没能挽回他的生命。临终前，罗斯顿曾绝望地喃喃自语：“你的身

躯很庞大，但你的生命需要的仅仅是一颗心脏！”

罗斯顿的这句话，深深地触动了在场的哈默院长，作为胸外科专家，他流下了眼泪。为了表达对罗斯顿的敬意，同时也为了提醒体重超常的人，他让人把罗斯顿的遗言刻在了医院的大楼上。

1983年，一位叫费迪的美国人也因心肌衰竭住进了汤普森医院。他是位石油大亨，两伊战争使他在美洲的十家公司陷入危机。为了摆脱困境，他不停地往来于欧亚美之间，最后旧病复发，不得不住进医院。

他在汤普森医院包了一层楼，增设了五部电话和两部传真机。当时的《泰晤士报》是这样渲染的：汤普森——美洲的石油中心。

费迪的心脏手术很成功，他在这儿住了一个月就出院了。不过他没回美国。苏格兰乡下有一栋别墅，是他十年前买下的，他在那儿住了下来。1998年，汤普森医院百年庆典，邀请他参加。记者问他为什么卖掉自己的公司，他指了指医院大楼上的那一行金字。后来有人在费迪的一本传记中发现这么一句话：“富裕和肥胖没什么两样，也不过是获得超过自己需要的东西罢了。”

钱乃是身外之物，它的价值永远也比不上生命的重要，如果连命都没有了，那么还拿什么去享受金钱呢？看来视金钱高于一切，实在是要不得啊！

人生箴言：幸福与金钱不一定成正比，有钱的人未必就会比没钱的人幸福，关键是怎样理解幸福的涵义。钱对于我们来说永远都不够，不论多少，但是只要在金钱里面寻求一个平衡点，才是最最重要的。

金钱≠幸福

钱这东西不能没有，但是也不是越多越好。为了钱，有的人不惜任何手段；为了钱，有的人甚至铤而走险，只因为那句名言“有钱能使鬼推磨”。

不管现代生活是怎样地需要金钱，我们教育子女时，都要千方百计使他们相信，工作、兴趣和快乐才是一切，金钱，应该是附带的东西。

买买提是一位快乐的新疆小姑娘。她的父亲失业后，全家靠吃羊市上卖剩的羊杂碎过活。一天，她在一个商场的柜台里看到了一只带红色塑料花的小发卡，顿时她便发疯般地迷上了它。她赶紧跑回家去央求妈妈给一元钱。母亲叹了口气(一元钱能买 1 斤羊杂碎呢)，但父亲说：“给她钱吧，要知道这么便宜的价格就能为孩子买到快乐，今后是不会再碰上了。”那时，买买提就明白，这一元钱所能买到的是比金子还贵重的快乐。

别计较金钱，让自己变得满身“铜臭味”，要知道，快乐的生活才是最重要的，毕竟金钱买不来幸福。

镇里的老街上有一个铁匠铺，铺里住的是一个老铁匠，他已经八十多岁了，身体却还是很强健，过去给人打斧头、打铁犁，不过近几年他主要以打拴宠物狗的链子为营生。他的经营方式非常古老和传统，人坐在门内，货物摆在门外，不吆喝，不还价，晚上也不收摊。你无论什么时候从这儿经过，都会看到他在竹椅上躺着，眼睛微闭着，手里拿着一只半导体小收音机，身旁是一把紫砂壶，他每天的收入，正够他喝茶和吃饭的。他觉得自己老了，已不再需要多余的东西，因此非常满足。

一天，一个文物商人从老街上经过，偶然间看到老铁匠身旁的那把紫砂壶古朴雅致，紫黑如墨，有清代制壶名家戴振公的风格。他走过去，顺手端起那把壶，发现壶嘴处有戴振公的印章，商人惊喜不已，因为戴振公在世界上有捏泥成金的美名。据说他的作品现在仅存三件，一件在美国纽约州立博物馆里，一件在我国台湾故宫博物院，还有一件在泰国一位华侨手里。

商人想以15万元的价格买下那把壶。当他说出这个数字时，老铁匠先是一惊，后又拒绝了，因为这把壶是他爷爷留下来的，他们祖孙三代打铁时都喝这把壶里的水，他们的汗也都来自这把壶。

壶虽没卖，但商人走后，老铁匠有生以来第一次失眠了。这把壶他用了近60年，并且一直以为是把普普通通的壶，现在竟有人要以15万元的价钱买下它，他转不过神来。

过去他躺在椅子上喝水，都是闭着眼睛把壶放在小桌上，现在他总要坐起来再看一眼，这让他非常不舒服。特别让他不能容忍的是，当人们知道他有一把价值连城的茶壶后，蜂拥而来，有的问还有没有其他的宝贝，有的甚至开始向他借钱。他的生活被彻底打乱了，他不知该怎样处置这把壶。

当那位商人带着20万元现金，第二次登门的时候，老铁匠再也坐不住了。他召来左右店铺的人和前后邻居，当众把那把壶砸了个粉碎。

现在，老铁匠还在卖拴小狗的铁链子，他已经98岁了。

人生的财富不仅仅是钱财，它的内涵很丰富，钱财之外还有很多很多，还有比钱财更重要的。可惜，世间有很多人看不到这一点，许多烦恼由此而生。他们难与幸福结缘，却常常要和不幸结伴同行。

金钱不是生活中最重要的。如果你要做一个快乐的人，一定记住不要让自己变成金钱的仆人——当金钱变成你的生活目标时，你就很难体会到生活带给你的简单的乐趣了。

人生箴言：钱并不等于幸福，人生真正的幸福和欢乐浸透在亲密无间的家庭关系中。因而，有钱不一定幸福，幸福不一定需要太多的钱。对金钱过多的追求，只会让幸福更加遥远，使你更加盲目和孤独，惟有抛掉对金钱的欲望，才能真正与幸福牵手。

第二章
平淡对待得失，冷眼看尽人生繁华

罗贯中《三国演义》的第一句话就是“分久必合，合久必分”，这是他对天下大势的总结。天下大势如此，人生的得失更是如此。得失不过是一瞬间，人生是在得失中来来回回地度过，因此，世人没必要因此而大喜或大悲，以一颗平常而淡定之心去看待一切，要以冷眼看尽这人生的繁华。

收紧尖刺过暖冬

郑板桥被世人誉为“扬州八怪”，在生前的时候，他曾留下两句名言，一句是“难得糊涂”，另一句是“吃亏是福”。从修身养性方面来说，后一句无疑更值得人们提倡。

吃亏对个人来说是一种忍让，是一种付出，是一种与人交往时的坦诚之心；而对团队来说，吃亏则是成员之间的积极协作，奋发向上，它代表了一个团队的凝聚力和向心力。如果人人都有吃亏的精神，那么这个团队就是一个无敌的团队。

小刺猬是一种很奇特的小动物，它们不伤害别人，也不怕任何动物的伤害。因为它们的背上长着密密麻麻的刺，狮子老虎来了，它们就迅速地缩成一团，竖起尖尖的刺，狮子老虎无从下口，只好垂头丧气地溜走了……

到了冬天，小刺猬喜欢一大群挤在一起相互取暖，可是严冬过去之后，大家却发现自己遍体鳞伤，没有一只例外，这让它们很沮丧。

其中有一只小刺猬大概比其他的聪明些，在又一年冬天即将来临前，它决定先去向它认为更聪明的猫头鹰爷爷请教一下。为什么呢?因为猫头鹰爷爷老是睁—只眼闭一只眼，好像总在思考问题，那它一定是很有学问的啦!

“猫头鹰爷爷，您好!为什么我们小刺猬过冬之后总是遍体鳞伤呢?”

“好孩子，你得先告诉我，你们是怎么受伤的啊。”

“天冷了，我们喜欢一大群挤在一起，相互取暖。但等暖和后一分开，

就发现我们都受伤了。”

“噢!我想想……”

“有了!”猫头鹰爷爷沉思半天后突然大叫一声，“你们一定都竖着刺吧?”

“是啊……”

小刺猬望着猫头鹰爷爷，觉得这个问题很奇怪。

“你们都竖着刺，又要一大群挤在一起，当然就互相扎伤了啊。其实啊，如果你们都把刺收起来，不就不会扎伤了吗?”

“那可不成!如果我把刺收起来，其他刺猬都扎我，那我不就吃亏了吗?”

“好孩子!我相信你是一只聪明的小刺猬。如果你肯吃点儿小亏，先把刺收起来，一定会换来你们一群的安宁。相信我!没错的……”

小刺猬将信将疑地回到了群里。在大家聚到一起的时候，它听从了猫头鹰爷爷的劝告，首先收起了尖利的刺，也很快就挨了两下扎。正当它准备奋起反击的时候，忽然想起了猫头鹰爷爷的话，便强压怒火，更紧地蜷缩一团。

很快，周围的两三只小刺猬发现了它的“异状”，既然没有了被它扎的危险，便也学着收起了刺。就这样，一传二，二传三，所有的小刺猬都收起了尖刺，挤在一起度过了一个温暖的冬天……

春天来啦!它们欣喜地发现，除了第一只小刺猬挨了两下误伤，其他所有的小刺猬都没有受伤!小刺猬们高兴极了，它们推举聪明的小刺猬做了它们的首领，从聪明的小刺猬那里知道了更聪明的猫头鹰爷爷之后，它们采集了很多鲜果送给猫头鹰爷爷。猫头鹰爷爷尽管更爱吃小耗子，还是满意地收下了礼物。猫头鹰爷爷闭着一只眼睛，语重心长地说了句：“记着，吃亏是福啊……”

是的，吃亏是福。可是在现实生活中，放眼望去，又有谁肯多吃一点

儿亏呢？有人吃了亏就会感到窝囊，时常把此事记在心中，特别是自以为占理时，更是毫不相让，大有“不获全胜，誓不收兵”之势。殊不知，越是不愿意吃亏，反而会吃更多的亏。

有一位顾客到菜市场买菜，与菜主讨价还价，菜主不同意，一番争执之后，菜主终于同意优惠一点儿。可当顾客选好了菜，要付钱时，菜主还是按原价收。顾客见菜主少找给了自己 1 元 2 角钱，就一肚子的不满，菜主说：“愿买就买，不买拉倒。”顾客一听火冒三丈：“我还不买了呢，你怎么着？”说完把菜往地上一扔，准备要走，菜主见状忙追上去让顾客捡起来。顾客就是不捡，菜主一急踩了顾客一脚，这个顾客不服输，拿起一秤砣就打向菜主的脑部，菜主当场晕倒，被送入医院。

顾客本来想占点儿便宜，不愿吃 1 元 2 角钱的小亏，没想到自己却吃了管人家医疗费、医药费，还得照顾病人的大亏。

由此，更是感悟到：吃亏是福！

人生箴言：吃亏不光是一种境界，更是一种睿智。人生一世，功名利禄，生不带来，死不带去，斤斤计较，徒然给自己增加痛苦而已，不如放下名利，看淡得失，让自己多吃一点儿亏，以享受生活的快乐。

失之东隅，收之桑榆

人的一生中会遇到许许多多的选择，无奈的是往往鱼和熊掌不能兼得，在把握命运的十字路口，我们应学会放弃，当有所为，有所不为。我们失去的，会有回报，不要悲观地感慨“不可兼得”的失去，要乐观地看

到“失之东隅，收之桑榆”。

一个穷人向一个富人请教成功之道，富人却拿出了三块大小不等的西瓜放在了他的面前。

“如果每块西瓜代表一定大小的利益，你选择哪块？”富人问穷人。

“当然是最大的那块！”穷人毫不扰豫地回答。

“那好，请吧！”富人一笑，把最大的那块西瓜递给穷人，自己却吃起了最小的那块。很快地，富人就吃完了，而穷人还在吃那块西瓜。

不等穷人吃完，富人已经拿起了桌子上的最后一块西瓜，并且得意地在穷人面前晃了晃，大口大口地吃起来。

穷人马上就明白了富人的意思：富人吃的西瓜虽没有自己的西瓜大，却比自己吃得多。如果每块西瓜代表一定的利益的话，那么富人所得到的利益自然比自己多了。

吃完西瓜，富人抹抹嘴对穷人说：“要想成功，就要学会放弃。只有放弃眼前的利益，才能获得长远的大利，这就是我的成功之道。”

是的，在很多时候，放弃就是获得。人们常将“舍”与“得”合说成“舍得”，就是因为有“舍”才有“得”嘛！

一个青年从小便树立了当作家的理想。为此，他坚持每天写作500字，十年如一日地努力着。可是，多年努力，他从没有只字片言变成铅字。

29岁那年，他总算收到了第一封退稿信，那是一位他多年来一直坚持投稿的刊物的总编寄来的。信中写道：“虽然你很努力，但我不得不遗憾地告诉你，你的知识面过于狭窄，生活经历也显得相对苍白……但我从你多年的来稿中发现，你的钢笔字越来越出色……”

他的名字叫张文举，现在是有名的硬笔书法家。对于如何成功，他的理解是：“一个人能否成功，理想很重要，勇气很重要，毅力很重要。但更重要的是，人生路上要懂得舍弃，更要懂得转弯！”

放弃与获得是紧紧联系在一起的，有舍有得，不舍不得；小舍小得，大舍大得。为了能够获得更多、更长久，我们必须先学会正确、适时的放弃。

有一个聪明的年轻人，很想在一切方面都比他身边的人强，他尤其想成为一名大学问家。可是，许多年过去了，他的其他方面都不错，学业却没有长进。他很苦恼，就去向一个大师求教。

大师说："我们登山吧，到山顶你就知道该如何做了。"那山上有许多晶莹的小石头，煞是迷人。每见到他喜欢的石头，大师就让他装进袋子里背着，很快，他就吃不消了。"大师，再背，别说到山顶了，恐怕连动也不能动了。"他疑惑地望着大师。"是呀，那该怎么办呢?"大师微微一笑，"该放下就放下，不然背着石头咋能登山呢?"

年轻人一愣，忽觉心中一亮，向大师道了谢后轻松地向山顶走去。

之后，他一心做学问，进步飞快。

人生在世，有许多东西是需要果断放弃的。在仕途中，放弃对权力的争夺，随遇而安，得到的是宁静与淡泊；在淘金的过程中，放弃对金钱无止境的追逐，得到的是安心和快乐；在春风得意、身边美女如云的时候，放弃对美色的猎取，得到的是家庭的温馨和美满。

人生箴言：有一得必有一失，只有放弃一些东西，才有更多的收获。人生好比一个房间，想要搬进新的家具、电器什么的，就得先扔掉一些东西。放弃不是失去，正确的放弃往往是一个全新的转折点，是一个脱胎换骨的再生过程。

不做得意的寒号鸟

下面这个故事也许大家都非常熟悉，因为它曾经就出现在我们小学语文课本上，这就是寒号鸟的故事。

太行山脚有一堵石崖，崖上有一道缝，寒号鸟就住在这里。它把崖缝当做自己的窝。石崖前面有一条漳河，漳河对面有一棵大杨树，杨树上住着喜鹊。寒号鸟和喜鹊面对着面住着，成了好邻居，好朋友。

秋天到了，树叶黄了，秋意浓浓。秋风一扫，树叶零零散散地飘落殆尽，天也一天天转凉了，凉风中透着丝丝的寒冷，仿佛是在向人们预告，冬天的脚步越来越近了，冬天就要来到了。

这一天，天气格外的晴朗，阳光明媚。喜鹊向邻居寒号鸟发出邀请："寒号鸟，冬天就要到了，我们一起去找些枯草、树枝垒巢，准备过一个温暖的冬天吧!"

寒号鸟一口就拒绝了，说："我不去，你自己去吧!"

喜鹊没有办法，就一个人出门了。它今天很高兴，因为要好好重新布置和装饰自己的窝，想象着去年冬天喜鹊窝里的温暖，喜鹊就飞得更有劲了。它飞到了很远很远的村庄，到处搜寻着，找到了一些枯草和树枝，一口一口地运了回来。日子一天天过去了，喜鹊每天都为垒巢和准备过冬的事情忙碌着，过得充实和快乐。而寒号鸟却不管这些，心里纳闷着喜鹊怎么不嫌累啊，它还是像往常一样满山遍野地飞跑，饿了就到处寻找食物，渴了就及时找水喝，累了就赶紧回来睡觉，于是，寒号鸟每天都在为打发日子而奔波着。

喜鹊的窝渐渐地盖好了，但寒号鸟一点儿动静也没有。喜鹊急了，说：“寒号鸟，不要睡觉了，大好晴天，赶快垒巢吧。”

寒号鸟不理这一套，睡在崖缝里懒洋洋地回答喜鹊说：“傻喜鹊，用不着；太阳暖和，正好睡觉。”

冬天说到就到，寒风呼啸，大雪覆盖了漫山遍野，到处都是白茫茫的一片。喜鹊藏身在自己暖和的窝里，自在得意，无所顾虑；而寒号鸟浑身上下没有一根毛，崖洞里冷极了，寒号鸟冻得直打颤，悲哀地叫唤着：“哆罗罗，哆罗罗，寒风冻死我，明天就垒窝。”

第二天清早，天气转好，暖洋洋的太阳当空照，好像又是春天了。喜鹊来到崖缝前劝说：“趁天晴，快垒巢，现在睡觉，后悔起晚了。”

严冬腊月，飘着鹅毛大雪，满山遍野成了一片白色，西北风像狮子般地狂吼着，漳河的水也停止了流动，崖缝里冷得如冰窖。就在这深冬的夜里，喜鹊正在自己温暖的窝里熟睡，寒号鸟却发出了最后的哀嚎：“哆罗罗，哆罗罗，寒风冻死我，明天就垒窝。”

风依旧呼呼地刮着，雪不停地下着。

天亮了，太阳普照大地，喜鹊像往常一样快活，欢喜地又叫又跳；懒惰的寒号鸟却被冻死了，只剩下了一具僵硬的尸体。

寒号鸟好比小人。小人得志则得意洋洋，忘乎所以，得过且过。当喜鹊一次又一次劝说寒号鸟早点儿垒窝时，它的合理解释就是大好晴天是睡觉的好时光，它所看到的只是眼前的利益，而没有考虑冬天要如何过。寒号鸟所缺乏的正是战略的眼光和思维方式。当我们在讽刺寒号鸟的同时，喜鹊与之形成了鲜明的对比。

因此，人在得意时千万不要过于高兴和张狂，不要只会开口大笑，张扬地表露着内心的欣喜，就是没事时也会偷着乐。要知道，乐极定生悲，哀兵还必胜呢，此时最需要的就是淡定。

淡定是得意时不张狂，失意时不气馁，称量伟人与小人的砝码，淡定

是从容、达观的写真。淡定是一份执着，坚持这份执着，就能不被名利羁绊，就能始终做到“宠辱不惊”，“去留无意”。淡定是一种心态，保持这种心态就能不被物质生活所累，就能始终保持那份恬淡和安宁。

人生箴言： 人们应该学会以清醒的头脑看待事物，以淡定的心态面对周围的一切，不可沉醉于一时的得失，也不可背离长远的发展方向。要时刻保持高度的警觉和战略的眼光，做到得意不张扬，失意不失志！

人生得与失，都付笑谈中

孔子说：“仁者不忧，智者不惑，勇者不惧。”内心的强大可以化解生命中很多很多遗憾。

要做到内心强大，一个前提是要淡然处世，看轻身外之物的得与失。太在乎得失的人，被孔子斥为“鄙夫”。鄙夫，意义几乎等同于小人，就是不上台面的鄙陋的人。

孔子曾经说过，像这样的小人你能让他去谋国家大事吗？不能。这样的人在没有得到利益时抱怨不能得到，得到了以后又害怕会失去。既然害怕失去，那就会不择手段维护既得利益。

这种患得患失的人，不会有开阔的心胸，不会有坦然的心境，也不会有真正的勇敢。

世间事，凡有一得必有一失，凡有一失必有一得。当你终于成功了，失去的是青春；你终于事业有成了，失去的是健康；一些所谓的成功人士有许多女伴的时候，失去的也许是忠贞不渝的爱情和夫妻间的相濡以沫；

儿孙满堂时，失去的却是一生。

我们出来做事，如果一点儿都放不开，什么也舍不得的话，很可能就什么也得不到；你捡起一块石头之后总也放不下的话，双手就不能用来干别的事了。

而一个人的精力总是有限的，如果什么都想得到，分心太散，则很可能什么也得不到，什么事也做不成。有的人总幻想做遍世上的一切工作，那太不现实了。人还是一辈子只做几件事好，但是要把那几件做得像个样子。

希尔·西尔弗斯坦在《失去的部件》中记述了这样一件故事：

一个圆环失去了一个部件，它旋转着去寻找这部件。因为缺少了部件，它的滚动非常缓慢，这使得它有机会欣赏沿途的鲜花，可以与阳光对话，和地上的小虫聊天，同蝴蝶吟唱……而这是它在完整无缺、快速滚动时无法注意、没能享受到的。但当它找到那部件后，因为滚得太快，它不能从容欣赏花，也没有机会聊天，因而失去了所有的朋友，一切都变得稍纵即逝……

在梦中的天姥山的石阶上，脚著谢公履，看海日，闻天鸡，醒来便仰天长啸出门去，不肯摧眉折腰事权贵，李白选择了骑鹿游名山，失去了权势，却得到了开心颜。

在南山蜿蜒的小路上，东篱下，一个采菊的身影，挥罢衣袖，吟道：“少无适俗韵，性本爱深山。”在误落尘网30年后，陶渊明选择了守拙归田园，失去了五斗米，却挺直了他的脊梁。

在惶恐滩头，在零丁洋里，文天祥一身浩然正气，不被利禄所惑，不为强暴所服，失去了生命，却得到了千古赞颂。

不是一切失去都只意味着缺憾。

在国家生死存亡的关头，为了个人的恩怨，为了一己之私，秦桧谗言献媚，一旨“莫须有”，断送了祖国大好河山。是的，他得到了满足，却

留下了千古骂名。

在列强任意践踏我们的民族的危难中，为了荣登大宝，圆皇帝梦，袁世凯泯灭良知，断然签下了旨在灭亡中国的“二十一条”。是的，他得到了帝国主义的支持，最终却在绝望中死去。

在国家蓬勃发展的时候，在人民需要体恤的时候，为了金钱，为了虚荣，他忘记了信仰，背叛了人民，伸出了贪污之手。是的，他得到了一时的荣华，却最终难逃法网。

不是一切得到都意味着圆满。

在人生道路上，在花花世界里，你是否看清：不是一切失去都意味着缺憾，不是一切得到都意味着圆满。

不要为失去的追悔伤心，也许失去意味着更好的得到，只要你选择的是纯洁而又美好的理想；不要为得到的而沾沾自喜，也许得到代表着你失去了更多，如果你选择的是虚荣而又自私的目标。

天台国清寺的两个诗僧，在幽静的林子里，在月光下对话。一问：世人谤我、欺我、辱我、恶我，如何？一答：你只需由他、任他、忍他，你且看他。

是啊，无论失去或得到，只需用一颗平静的、淡定的心去面对，缺也会是圆。

人生箴言：人的一生，有得就有失，得失充满了人生中的每个角落。如果我们能参透得失，拥有一颗淡定的心，将个人的得失置之度外，便可宽心自如地对待周遭的人与事，时时从大局着眼，从长远利益考虑问题，那么我们的人生还会是得意忘形、悲观失望到极点吗？到那时，人生得与失将都付笑谈中！

成功之道：吃亏就是占便宜

东京横山町有名的岛村大楼业主、岛村产业公司及丸芳物产公司董事长岛村芳雄，早期背井离乡，在东京一家包装材料店当店员，收入不高，因要养活母亲和3个弟妹，因此常身无分文。

囊中羞涩的岛村，那时唯一的乐趣是在街上闲逛，欣赏别人的服装和所提的东西。

一次，他在散步时看到很多女性，不管老人还是年轻人，手里都提着一个纸袋，据说这是买东西时商店送给她们装东西的手提袋。因此，手提袋成为他的成功目标，并在这上面凝住了更多的心血。

然而虽有万丈雄心，但却苦于身无分文，无从下手。无奈的岛村只好去向银行贷款，虽没把握银行能贷给他，但是这却是唯一的办法。

可是即便他把纸袋的未来远景、纸袋绳索制作上的技巧以及他的事业的展望等说得那么美好，那么有前途，说得口干舌燥，可是每一家银行都不予理睬，并把他看成疯子。

“我每天前去走动拜访，只要全神贯注，全力以赴，总有一天他们会改变主意的。”他如此想，于是他就决定把三井银行作为目标，连日不间断地前去展开波状攻击。

终于皇天不负苦心人，经过3个月的努力，到第69次的时候，对方被他那苦心孤诣、百折不挠的精神所感动，答应贷给他日币100万元。

当亲戚、朋友知道他获得银行贷款后，也都纷纷伸出援助之手，有的出资10万元，有的贷给他20万元，不久就有200万元的资金可运用了。

如此，岛村便辞去店员的工作，立即成立丸芳商会开始绳索贩卖业务。

因为想在竞争激烈的商业界立足，但是条件却又比别人差，所以岛村创造了“原价销售法”，以提升自己的竞争力。

首先，他前往黄麻产地冈山的麻绳索厂，一条45厘米长的麻绳以5角钱大量买进，然后照原价一条以5角钱卖给东京一带的纸袋工厂。完全无利润反而赔本的生意做了一年之后，“岛村的绳索确实便宜”的名声远播，应接不暇的订货单就从各地像雪片纷飞般源源而来。

于是岛村就按部就班，采取他的行动，他拿购货收据前去订货客户处诉说：“到现在为止，我是一毛也没赚你们的钱。但是这样让我继续为你们服务的话，我便只有破产的一条路可走了。”

这样跟客户交涉的结果，客户也为他的诚实的做法深受感动，心甘情愿地把交货价格提高为5角5分钱。

同时，他又到冈山找麻绳厂商洽谈：“你卖给我一条5角钱，我是一直照原价卖给别人的，因此现在才有这么多的订货。如果这种无利赔本的生意让我继续下去的话，我只有等关门倒闭了。”

冈山的厂商一看他开给客户的收据存根，使大吃一惊，这样甘愿不赚钱做生意的人，他们生平头一次遇见，于是就不加考虑，一口答应以后按一条4角5分钱供应他。

如此一条麻绳赚1角钱，按当时他一天的交货量1000万条算起来，一天的利润就有100万元，比以前当店员5年的薪金还要多。

创业两年后，他成了名满天下的人，同时把丸芳商会改为公司。

创业13年后，他一天的交货量至少也有5000万条，其利润实在难以计算。现在袋子绳索更是讲究，有塑胶带、缎带、绢带等，一条卖价5元左右，这些高级品的利润更是可观。

岛村的成功不得不归功于他“吃亏就是占便宜”的经商之道。如果没

有刚开始的吃亏，那么以他的条件，谁会和他建立起生意上的关系呢？如果没有刚开始的吃亏，谁还会买他的货呢？所以吃亏就是占便宜，吃得小亏，就能占得上大便宜，这是一项最高明、最高超、奥妙无穷的招财进门的法宝。

人生箴言：吃亏是一种福气，由于每个人均有趋利的本性，如果你能吃一些亏，就会让别人赢得些许利益，这样一来，就能在无形中最大限度地调动他人的积极性，进而使自己的事业兴旺发达。

用积极的心态对待得失

一家旅馆经常被住宿的旅客顺手牵羊拿走一些物品，可是却一直拿不出很有效的对策来。

旅馆经理觉得这样下去不是办法，于是召集了各部门主管献策。

一位年轻主管很镇定地说："既然旅客喜欢，为什么不让他们带走呢？"要是我们在每件东西上标上价格，说不定啊，还可以有额外收入呢！

大家眼睛都亮了起来，兴奋地按计划来进行。于是，在这家旅馆之内，忽然多出了好多东西，像墙上的字画、手工艺品，有当地特色的小摆饰，漂亮的桌布，甚至柔软的枕头、床罩、椅子等用品都有标价。如此一来，旅馆里里外外都布置得美轮美奂，给客人们的印象好极了。

这家旅馆的生意竟然越来越好了！

物品丢失本是件坏事，但在解决过程中却能以积极的心态面对损失，冷静对待问题，化不利为有利，不但避免了损失，还提升了旅馆的知名

度，生意变得更红火。

面对得失，要用积极的心态看待，而积极心态指的是，在看待事物时，应考虑生活中既有好的一面，也有坏的一面，但强调好的方面，就会产生良好的愿望与结果。当你朝好的方面想时，好运便会来到。正是基于这种心态，布雷斯才能重新找回自己，找到合适的工作。

不久前，布雷斯被解雇了。他是突然被炒鱿鱼的，而且领导未作任何解释，惟一的理由是公司的政策有些变化，现在不再需要他了。更令他难以接受的是，就在几个月以前，另一家公司还想以优厚的条件将他挖走，当时布雷斯把这事告诉了领导，领导极力地挽留他说：“布雷斯，我们更需要你!而且，我们会给你一个更好的前景。”

而现在布雷斯却落到了如此结局，可想而知他是多么痛苦。一种不被人需要、被人拒绝以及不安全的情绪一直缠绕着他，他不时地徘徊、挣扎，自尊心深受损害，一个原本能干而有生机的布雷斯变得消沉沮丧、愤世忌俗。在这种心境下，布雷斯怎么可能找到新的工作呢?

这时，《积极思考的力量》这本书给了布雷斯很大的力量，使他拥有了积极的心态，重新找到了自己。他开始思考，目前这种状况是否也存在一些积极的因素呢?他不知道，但他发现了许多消极负面的情绪，这些负面因素是使他一蹶不振的主要原因。他也意识到一点，要想发挥积极思想的作用，自己首先必须做到一点——排除消极的情绪。

没错!这便是他必须着手开始的地方。于是他开始改变思维方式，摒除消极的情绪，代之以积极的思想，使自己心灵复苏。他开始有规律地祷告：“我相信这一切都是上帝的安排，我被解雇，相信也是如此。我不再抱怨自己的遭遇，只想谦卑地请问上帝，这事究竟为何?”一旦他开始相信所发生的一切事情都确有其因之后，他不再对领导愤懑不已，他认为，如果自己身为领导，也许会不得不如此。当他如此考虑之后，自己的整个心态完全变了，他又找到了自己的工作。

为什么积极的心态会产生如此大的力量呢?其实，积极的心态并不具有一种神奇的魔力，可以无中生有，给失业者变出一个工作，而是一切都有迹可循，最终还得靠我们自己。当布雷斯心中充斥着不满、怨气和仇恨时，他怎么可能尽心尽力地去找工作。倘若他遇到朋友时，仍然怨天尤人，闪烁其辞，你想他的朋友会认为他是个适当的人选而大力向人推荐吗?所以，布雷斯后来的转机一点儿也不出人意料。他只不过是及时调整了自己的心态，改变了自己的思考和行为方式，而且实事求是地分析了事实。

在某些时候，一切条件似乎都对我们不利，此时要从心理上多发掘自己的优势，能够比别人多投入一些，更积极一些，再坚持一些，从不轻言放弃，成功就离你越来越近，你就会由弱者变为强者。让自己保持积极的心态，认真投入、敬业地去做事情，不仅可以超越自我，发挥自己的潜能，而且还可以帮助自己跨越成功的障碍。既然积极心态是如此重要，干嘛不让自己的心态积极一点儿呢?

人生箴言：积极心态是一种对任何人、情况或环境所把持的正确、诚恳而且具有建设性的思想、行为或反应。它是迈向成功不可缺的要素，是成功理论中最重要的一项原则，是当你面对任何挑战时应该具备的“我能……而且我会……”的心态。

过一种淡定的人生

世界上没有常走“狗屎运”的人，生活中每个人都会遇到不幸，面对不幸大多数人都会伤心、痛苦甚至绝望。其实，不必那么悲观，既然不幸已经来临，那么我们就应该冷静、淡定，用平常心坦然面对它，因为我们无法拒绝。

有一个十岁的男孩，他从小酷爱拳击，笃信自己将来一定会成为一个知名的拳击手。然而在一次车祸中，他失去了左臂，这对一个练拳击的人来说是个致命的打击，但是，他依然热爱拳击。于是，父母四处打听，终于找了一位赫赫有名并且愿意教这个男孩的教练。

这位教练没有表现出任何超群的技艺，小男孩三个月都在练习同一个动作，其他的动作教练只是展示给他看一下。小男孩十分不解，终于忍不住问师傅：“我是不是应该再学习一下其他招数？”而教练回答：“你只要这一招就足够了。”

几个月之后，教练带着小男孩去参加比赛，没想到，只有一只胳膊的他轻松地赢了前两个回合，第三个回合略微艰难，但是对手很快就变得十分急躁，连续进攻，但男孩敏捷地施展出那一招，这次比赛他胜出了，就这样，他居然进入了决赛。

决赛的对手明显高大强壮，看起来更有经验，小男孩显得有些招架不住。裁判担心他会受伤，于是叫停，打算终止比赛，而他的教练却坚持让比赛继续下去。

比赛重新开始，这个小男孩又一次敏捷地使出那招，最后顺利成为冠

军。

在回家的路上，小男孩和师傅一起回顾每场比赛的每一个细节，小男孩忍不住疑惑地问道：“为什么我只凭这一招就能赢了对手呢?”

教练回答道：“第一，因为你已经掌握了拳击中最难的一招；第二，据我所知，攻破这招的唯一办法就是抓住你的左臂。”

有人说：“精神上的不幸还比较容易治愈，但是如果身体有缺陷的话，那就是永远的不幸了。”在看了上面那个残疾男孩的故事后，你还会认同这种说法吗?

生活中不尽如人意的地方很多，可是换一个角度去看，就会发现，上帝其实已经在另一方面给予了弥补。面对人生的不如意，每个人都应该拥有一种洒脱的心态，应该做到宠辱不惊。这样我们的生活才会过得充实而愉快，才不会因为一时的得意而忘乎所以，不会以一时的失意而绝望到底。

战国时期，靠近北邵边城住看一个老人，名叫塞翁。塞翁养了许多马，一天，他的马群中有一匹走失了。邻居们听说这件事，跑来安慰，劝他不必太着急，年龄大了，多注意身体。塞翁见有人劝慰，笑了笑说：“丢了一匹马损失不大，没准会带来什么福气呢。”

邻居听了塞翁的话，心里觉得很好笑。马丢了，明明是件坏事，他却认为也许是好事，显然是自我安慰而已。过了几天，丢失的马不仅自动返回了家，还带回一匹匈奴的骏马。

邻居听说了，对塞翁的预见非常佩服，向塞翁道贺说：“还是您有远见，马不仅没有丢，还带回一匹好马，真是福气呀。”

塞翁听了邻居的祝贺，反而一点儿高兴的样子都没有，忧虑地说：“白白得了一匹好马，不一定是什么福气，也许会惹出什么麻烦来。”

邻居们以为他故作姿态纯属老年人的狡猾，心里明明高兴，却有意不说出来。

塞翁有个独生子，非常喜欢骑马。他发现带回来的那匹马顾盼生姿，身长蹄大，嘶鸣嘹亮，剽悍神骏，一看就知道是匹好马。他每天都骑马出游，心中扬扬得意。

一天，他高兴得有些过火，打马飞奔，一个趔趄，从马背上跌下来，摔断了腿。邻居听说后纷纷来慰问。

塞翁说：“没什么，腿摔断了却保住性命，或许是福气呢。”邻居们觉得他又在胡言乱语。他们想不出，摔断腿会带来什么福气。

不久，匈奴兵大举入侵，青年人被应征入伍，塞翁的儿子因为摔断了腿，不能去当兵。入伍的青年都战死了，唯有塞翁的儿子保全了性命。

人生箴言：灾难的降临并不意味着终点，很多时候灾反而能转化为福，但前提是我们日常要保持一颗平常心，过一种淡定的人生。

看淡得失，保持平常心

得到了不一定就是好事，失去了也不见得是件坏事。正确地看待个人的得失，不患得患失，才能真正有所得。人不应该为表面的得到而沾沾自喜，认识人，认识事物，都应该认识其根本。得也应得到真的东西，而不是被虚假的东西所迷惑。失去固然可惜，但也要看失去的是什么，如果是自身的缺点、问题，这样的失又有什么值得惋惜的呢？

巴光耀从小生活在一个环境很好的家庭，备受父母宠爱。后来考上了大学，读了一个自己喜欢的专业。毕业后也没费什么周折，进了一家大型企业。那年，他才20岁，尚是一个毛头小伙子。

他满怀希望和信心地走上了工作岗位。然而，接下来的一切却让他始料未及：单位的人际关系非常复杂，而他却是那么单纯，甚至有些天真，他说话做事都率性而为，不懂得收敛。渐渐地，他听到了一些议论，说他年轻气盛，做事毛糙，等等。从小就养尊处优惯了的他，那一段日子很是沮丧。

他回家把在单位遇到的种种不愉快说给父亲听。他的父亲给他讲了一个故事：有一个人在一次车祸中不幸失去了双腿，那个人的朋友和亲戚都来慰问，表示了极大的同情。而他却回答道："这事的确很糟糕。但是，我却保存下了性命，并且我可以通过这件事认识到，原来活着是一件多么美好的事情——而以前我却从未这样清醒地认识过。现在，你们看，我不是一样顺畅地呼吸，一样欣赏天边的云朵和路边的野花？我失去的只是双腿，但却得到了比以前更加珍贵的生命。"

父亲说："这个遭遇车祸的人是个智者，他知道失去了双腿是一件已经发生的事实，哪怕再痛苦也改变不了。所以，他换了一个角度，同样一件事情，他能够找到积极的那一面。而你，"他的父亲顿了顿，接着说，"和同事之间相处得不愉快，作为一个刚刚走上社会的新人来说也是正常的。单位毕竟不是家庭，会有各种各样的矛盾。你应该换个角度，把这种不愉快看做是对自己的砥砺，通过这种磨炼使自己尽快成熟起来。从这个角度看，你现在所面临的境况恰恰是你成长过程中的一笔财富。"

父亲的一番话让他豁然开朗。回到单位之后，每当再遇到不顺心的事情，他就想，换个角度，这是一件好事情，它至少说明我有不足甚至不对的地方，我得改正自己。如果确实不是他自己的问题，他也不再像以前那样气恼，而是想，换个角度，说明别人对我的要求比较高，我得加把劲儿。同样的一件事情，过去给他带来的是烦恼、苦闷，而现在带给他的则是积极向上的动力。

成功大师戴尔·卡耐基在《人性的弱点》一书中写道："如果你想要

钓鱼，就必须花些钱买鱼儿爱吃的鱼饵。”也就是说，如果你想钓上鱼来，就别指望不放任何鱼饵却想着让鱼儿自己不停地上钩。

因此，所谓的放弃是为了以后的收获，那么失就是得到的前提条件。所以，失也就不是失，反而是得。

看淡得失是一份与世无争的情怀，在这个浮躁而功利的商业化社会里，我们缺少的正是这颗闲适淡雅的平常心，让我们在世间的纷纷扰扰，熙熙攘攘中保持一份豁达平和的心态。人的痛苦往往源于自我的执着，既希望得到又害怕失去，其实得与失是相对的，当你拼命去争取得到你想要的东西时，往往总是以牺牲你认为微不足道的条件为代价，当某天基础条件发生改变时，才发觉失去的才是最珍贵的。所以人生最重要的不是结果，而是过程，凡事只需尽力而为，奋斗不息，创造命运，即使失败，亦懂得妥协并欣然接受，唯此今生才能无悔！

人生箴言：当你学会放弃的时候，你不会去计较得与失，不去计较生命中出现的那些所谓的遗憾。在面对得意与失意的时候，能做出明智的选择，能平和地看待人生得失，很多时候，放弃之后才有更大的收获。

智者的表现，成功者的手段

人生在世，即使什么也学不会，也得学会吃亏。只要学会吃亏，你就会感到烦恼从不上身，遇事游刃有余，心底坦坦荡荡，吃饭有滋有味，睡觉踏踏实实。这种神仙般的滋味是爱占小便宜的人根本无法体会到的。所以，每当遇事该吃亏的时候就不妨吃亏一下，吃点儿亏，让一步，不是弱

者而是英雄。因为你用理性的智慧躲避了身后不可想象的事情。记得有一首歌中曾经写道：“做人就应该能吃亏，能吃亏自然就少是非。”其中道理耐人寻味。

1955 年，李嘉诚的长江塑胶厂开业已有五年，但一直没有能快速地发展。一天一个老主顾突然取消了一份很大的订单，而这个订单已经完成，即将装运，取消后一定会给李嘉诚带来相当大的损失。但李先生并没有像一般的做法那样去追究客户的责任，他对那位客人说：“这批货不愁卖，这次的损失就不向贵公司索要赔偿了，日后若有什么生意，我们还可以建立更好的关系。”后来李先生几乎已经忘了这件事。

几个月后，工厂转产塑胶花，他突然接到一个陌生外商的订单，数额庞大，而且一订就是 6 个月的货。经仔细打听，原来是那个取消订单的老主顾在积极地向外商推荐，甚至说“这是香港最大的塑胶花厂，你只要把订单交给李先生就可以完全放心了!”李先生笑着说：“我们当时根本不是什么大厂，但是这个客户为了帮我把好话都说尽了。”

对这件事情，李嘉诚感慨良多：“这件事情说明—个道理，—件看来是吃亏的事，往往变成有利。”这个客户所带来的后续订单，真正巩固了长江塑胶厂的基础。

1957 年初的一天，李嘉诚阅读新一期的英文版《塑胶》杂志，偶然看到一小段消息，说意大利一家公司利用塑胶原料制造塑胶花，全面倾销欧美市场，这给了李嘉诚很大灵感。他敏锐地意识到，这类价廉物美的装饰品有着极大的市场潜力，而香港有大量廉价勤快的劳工正好用来从事塑胶花生产。他预测塑胶花也会在香港流行。李嘉诚抓紧时机，亲自带人赴意大利的塑胶厂去“学艺”，在引入塑胶花生产技术的同时，还特意引入外国的管理方法。返港后，他把“长江塑胶厂”改名为“长江实业有限公司”，积极扩充厂房，争取海外买家的合约。

在“长江”的客户中，有个美籍犹太人，名叫马素，他是“长江”客

户中的一员。有一次，他订了一批塑胶产品，准备运往美国销售，后来不知什么原因临时取消了合同。李嘉诚并没有要求他赔偿损失，马素深感这位宽厚的年轻创业者是个可做大事的人，于是，这个客户不断向美国的商家推销“长江”的产品。由此，美洲订单如雪片般飞到了“长江”。

吃亏是智者的表现，是成功者的手段。善于吃亏的人是做大事的人，因为他们会绞尽脑汁把工作或事业做到极致，纵然蒙受一时的不白之冤，也会在工作或事业中表现得异常踏实。长期如此，吃亏者的高尚品质、美好灵魂均会显示得淋漓尽致。路遥知马力，日久见人心，最终成就事业的必定是善于吃亏的人。

有一位年轻人，大学刚毕业就进入出版社做编辑，他的文笔很好，更可贵的是他的工作态度很端正。

那时出版社正在进行一套丛书的编辑工作，每个人都很忙，但领导并没有增加人手的打算，于是编辑部的人也被派到发行部、业务部帮忙。但整个编辑部，只有那个年轻人接受领导的指派，其他的都是去一两次就抗议了。

他说：“吃亏就是占便宜。”

事实上也看不出他有什么便宜可占，因为他要帮忙包书、送书，像个苦力工一样。

他真是个可随意指挥的员工，后来他又去业务部参与直销工作。此外，取稿、跑印刷厂、邮寄……只要别人开口要求，他都乐意帮忙。

“反正吃亏就是占便宜嘛。”他这么说。

两年过后，他自己成立了一家出版公司，做得还不错。

原来他是在吃亏的时候，把一家出版社的编辑、发行、直销等工作都摸熟了。

由此看来，他这下真占到了便宜。

从人的本性来说，谁都不愿吃大亏，这是自然，但是对于小亏，该吃

就吃吧，闭起双眼，权当不觉。吃亏虽然失去了暂时的利益，但是却能赢得以后无穷的益处，所以，现在吃点儿亏又算得了什么呢？

人生箴言： 吃亏是福，吃小亏就等于占大便宜。然而，吃亏也是需要一定技巧的。会吃亏的人，总是把亏吃在明处，便宜占在暗处，即使占了你的便宜，也依然使其对之感激不尽，这则是一个人难得的智慧。

人生之事，事事是好事

经过约会后，英国首富威斯敏斯特公爵便爱上了可可香奈儿。他随即展开的追求攻势是任何女人都阻挡不了的——香奈儿每天都能收到一份别出心裁的礼物，有时是一篮来自苏格兰的鲜花，有时则是一枚天价的古董胸针。如果香奈儿肯嫁给公爵，她不仅会得到公爵夫人的称号，而且还将成为全欧洲的富有女性。

可是经过六年的交往后，考虑到公爵夫人头衔有可能限制香奈儿发展自己的时装帝国时，香奈儿最终还是放弃了这段感情，因为“有成堆的公爵夫人，但是，可可香奈儿只有一个”！经过历史证明，这个决定还是相当明智的，否则世界上就不会出现“Chanel”这个令无数女人倾心的品牌了！

有得就有失，有失就有得，人的一生总是在得失中徘徊。对于得，人们总是欢喜，但是欢喜过后可能会悲痛；而对于失，人们却总是抱怨，抱怨上天的不公平，不该让自己失去已得到的东西。但是这之后可能会带来很大的惊喜。这就是“祸兮福之所倚，福兮祸之所伏”的道理。所以，得

失不必看得太重，正所谓“塞翁之马，焉知非福”。

有这样一个故事：

很久很久以前，有一个王国，那里不仅幅员辽阔，而且人丁兴旺，百姓们都安居乐业，国王常受到人们的称赞；国王的手下有一个聪明绝顶的大臣，并且学识渊博，他有一句口头禅那就是：“这是件好事情!”国王对他十分信任。

一次，这位国王在花园里练剑，在擦拭宝剑时，不小心将自己的小手指给割断了。后来，他就叫来他的大臣们来说说对自己此次意外的看法。众大臣们纷纷惊慌失措，噤若寒蝉，唯独这位学识渊博的大臣气定神闲、轻松自在地对国王说：“这是件好事情!”

国王的伤口还没有痊愈，听到这样的回答，立刻火冒三丈，认为这位大臣正在讥讽嘲笑他，于是大声喝道：“我手指都已经断了，你居然还幸灾乐祸地说这是件好事情!”国王立刻下令将其关进大牢里。

这位国王酷爱狩猎，手伤好了之后，他又带着大臣们到森林里去狩猎。国王一路兴致勃勃地追鹿逐兔，不知不觉间居然闯入了森林深处，误入了食人族的领地。

食人族看到国王和他的大臣们一个个面色红润、体格健壮，认为他们是最好的祭品，就将他们全都关起来，准备用他们做祭祀的祭品。

准备祭祀的时候，检查祭品的巫师发现国王少了一根手指。按照食人族的规矩，将不完整的人用来做祭品是会触怒众神的。于是，巫师将情况告知族长。族长大惊，立刻命人将国王赶了出去，而跟随国王一同狩猎的几位大臣无一幸免地被食人族当做了祭品。

国王死里逃生，回到王宫依然惊魂未定，他想起了当初手指割断之后那位大臣说的话，于是赶快叫人将在大牢里受了几个月冤狱之苦的大臣释放出来。国王对大臣感到十分抱歉，说道：“我手指断了的时候，你说这是件好事情，我现在才知道，这真的是件好事情，真不应该把你关进监牢

里。”但这位大臣依然不以为然地说道：“这是件好事情!”国王感到奇怪，问：“我把你关进监牢里也是件好事情?”这位大臣点头笑着说：“当然是件好事情了，如果您没有将我关进监牢，我一定会随同您一起去狩猎，那么就会一起被食人族抓住。而我十分完整，那么就会像其他几位大臣一样被食人族当做祭品给杀掉了。”

由此看来，人生之事，事事是好事。虽然有些夸张，但是却足以说明人生不必因为失去的东西而苦恼，得失之间是相互转化的，没有得哪来的失，没有失又何以有得？所以，看淡一切，在淡定中看清得失，看清生死，那么，你离幸福还会远吗？

人生箴言：得失不过是一些虚浮的东西，来来回回永无止境。看淡一切，以漠然的态度视之，做到“得看淡，先看开”，掌握人生的大智慧，引领人生的大潮流，到达那片至高境界的自由天地！

第三章
张开手，世界就在手中

“紧握双手，手里什么也没有；张开双手，世界就在手中。”对于欲望，人们往往总是予取予求，没有丝毫节制，想把整个世界都紧握在自己手中。却殊不知，欲望越大，最后得到的却越少，就像双手紧握，想抓住所有的一切一样，越是紧握，就越抓不住所有，而张开手，得到的却是无比的满足和幸福感。

及时填上欲望这口“井”

有人说欲望是口井，如果不加以控制，就会越来越深。欲望有大小，自然结果就有好坏，它是一把双刃剑。适当的欲望可以催人奋进，但是过度的欲望则会让人迷失方向，找不到自我。正如松下所说：“欲望是一种力量，可以带你走向成功，也可以让你彻底毁灭。”

曾经有个人很吝啬，他也知道自己这个毛病，但就是无法改掉。他家里穷得连床也没有，家徒四壁，只有一张长凳，他每天晚上就只有在长凳上睡觉。于是，他向上帝祈祷：“如果我发财了，我绝对不会像现在这样吝啬。”上帝看他可怜，就给了他一个装钱的口袋，说：“这个袋子里有一个金币，当你把它拿出来以后，里面又会有一个金币，但是当你想花钱的时候，只有把这个钱袋扔掉才能花钱。”

听上帝说完，那个人就开始不断地往外拿金币，整整一个晚上都没有合眼，地上到处都是金币。转眼间，地上的钱已经多到即使他这一辈子什么都不做，也足够他活一辈子了。可是每当他决定扔掉那个钱袋去花钱的时候，又都舍不得，心想还可以再拿一些金币出来。

于是他就不吃不喝地一直往外拿金币，直到把整个屋子都装满了。可是他还是对自己说：“我不能把袋子扔了，钱还在源源不断地出，还是让钱更多一些的时候再把袋子扔掉吧。”到了最后，他虚弱得连把钱从口袋里拿出来的力气都没有了，可他还是不肯把袋子扔了，终于在钱袋的旁边，孤独地死去了。

欲望太多，只会如玩火一样，反而会引火自焚，让自己徒增了一份烦

恼。欲望就像一口井，如果任其发展，那么只会越来越深。最好的办法就是及时填上这口井，让自己的欲望永远停留在井口。以平常心来看待欲望，控制欲望，才能少一些烦恼，多一些快乐，少一些痛苦，多一些幸福。

小男孩住在大森林的边缘，在一年的冬天，下起了很大的雪，积雪覆盖了大地。小男孩家里的柴和米都没有了，为了生活，他不得不出门去拾柴。拣到柴以后，小男孩把它们捆了起来，他感觉特别冷，感觉自己快要被冻僵了，于是他想着还是先不要回家，就地升起了一堆火。暖和一下。他在雪地上扒出了一块空地；这时，他突然发现了一把小小的金钥匙。他想，既然连钥匙都是金的，那么被锁住的东西肯定更值钱了，便往地里挖，不一会儿他挖出了个铁盒子。“要是这钥匙能打开这锁就好了!”他想：“那小盒子里一定有许多珍宝。”他找了找，却找不到锁眼。最后他发现了一个小孔，那个孔小得几乎看不见。他试了试，钥匙正好能插进去。他转动了钥匙，可是他发现不但转不动，而且连钥匙也拔不出来了，最终，小男孩一无所获。

故事中的小男孩如果把捡到的钥匙拿去换钱，那么他还有点收获。但是他却有了贪念，幻想着盒子里是满满的金银珠宝，并自作聪明地拿钥匙去开盒子，从而导致最终的一无所获。因此，不妨在欲望来临前，就做好平常心的修炼，以抵挡欲望的来临。

人生箴言：人生苦短，一切皆身外之物，生不带来死不带去。欲望太多只会增加我们的负担，不如轻装上阵，随遇而安，做一个平常人。

只看拥有的，不看没有的

近来胃口非常好的波斯国王，看到什么东西都要饱尝一下，于是他的身体一天一天地胖了起来，终至行动困难，气喘吁吁。

他忧心忡忡地来请教佛陀，问有什么减肥的妙方。波斯国王神情忧虑地对佛陀说："佛陀!我因为受不了美食的诱惑，饮食过量，以至于越来越胖，非常烦恼。"佛陀怜悯地说："王啊!你为什么贪念这么强，饮食太过度了，难道没想过要制止吗?"波斯国王皱着眉头："有啊!曾经试过，但是还是抗拒不了想吃的欲望，怎么办呢?"佛陀微笑道："想得到不该得的东西就叫做贪。贪心的人终日追逐财、色、名、食、睡五欲，若不知道适可而止，必然会造出种种罪孽，伤害别人，也使自己遭受痛苦。要消除这种烦恼，应该去除贪求的心，饮食节量，自然能够身体健康。"

听完，若有所思的波斯国王欣喜地说："原来痛苦和烦恼的根源是贪欲太多，贪念真是害人不浅哪!"

领悟到其中奥妙后的波斯国王，放下贪念，重新拥有了从容而健康的生活。

我们的生命如此短暂，有所谋划，必有所烦恼；有所执著，必有所束缚；有所得，必有所失。如果我们日夜为欲望奔走，就会耗失自己的健康。倒不如把心放宽，做到"只看自己拥有的，不看没有的"，好好吃饭，好好睡觉，从从容容过好每一天。

有个女孩，自小因为患脑性麻痹，而失去了和正常人一样行走的能力，也失去了正常发声讲话的能力。她就像一具残破的木偶，四肢不规则

地舞动着，脖子伸得老长，嘴张得老大，身体东倒西歪，仿佛随时都会倒下，让人为她提心吊胆。但是她昂然面对，迎向一切的不可能，终于获得了加州大学艺术博士学位。

在一次全校学生参加的讲演会上，她的表现令在场所有的人都震惊了。

她站在台上，看着台下的学生，口中偶尔发出依依呀呀的、没人能听懂的声音。不过，她的理解力很好，只要对方猜中或说出她的意思时，她就会伸出指头指着你，快活地大叫一声，然后送给你一张用她的画制作的明信片。

全场的学生都被她不能控制自如的肢体动作震慑住了。这是一场倾倒生命、与生命相遇的演讲会。

“请问，”这时突然一个声音响起：“你从小就长成这个样子，请问你怎么看你自己？难道你心里没有怨恨吗？”

这个问题让演讲会主持人不禁心头一紧，因为他觉得这个学生问的问题真是太不成熟了。怎么可以在大庭广众之下伤人自尊呢？他担心这个女孩会受不了。

“我怎么看自己？”这个女孩用粉笔在黑板上奋力写下这个问题，然后转过身，歪着头看着那个学生。就在众人以为她要发火的时候，她笑了，笑得灿烂。她在黑板上写下了她的回答：

我很可爱！

我的腿修长、漂亮

我的父母很爱我

上帝很爱我

我会画画，还能写作

我有一只可爱的猫

……

转眼间，教室内鸦雀无声，没有人敢讲话。她回过头来定定地看着大家，再回过头去，在黑板上写下了她的结论："我只看我拥有的，不看我没有的。"

掌声如雷般响起。

欲望犹如一匹烈马，骑在上面唯有紧紧地抓住缰绳，才能使马依照我们的意愿前行，一旦手失缰绳，任其为所欲为，就有可能被摔得粉身碎骨或跌入山崖。所以，为了我们快乐的生活，也为了拥有一个幸福的人生，我们就应紧紧抓住缰绳，欲望有度，万事知足。

人生箴言："身外物，不奢恋"是思悟后的清醒。它不但是超越世俗的大智大勇，也是放眼未来的豁达襟怀。谁能做到这一点，谁就会活得轻松，过得自在，遇事想得开，放得下。

贪婪是"万恶之源"

过度贪心是"万恶之源"，过度贪心的人，往往是紧紧地抱住自己拥有的，不肯放下追逐得来的东西，更不会分给别人一丝一毫，甚至还吃着嘴里的，望着锅里面的，如同下面这个悲惨的农夫。

从前有一个农夫，他每天早出晚归地耕种一小片贫瘠的土地，累死累活但收获甚微。一位天使非常可怜农夫的境遇，就对农夫说，只要他能不停地往前跑一圈，那他跑过的地方无论大小，就全部归其已有。这位农夫听了之后，自然十分高兴，开始拼命地往前跑去。在跑过一片足以让他养家糊口的土地之后，农夫已经累得气喘吁吁了，然而此时的他并不满足，

他还想拥有华丽的马车和众多的奴仆，因此他使继续向前跑。在跑过一片能够让他拥有马车和奴仆的土地，此时的农夫已经累得大汗淋漓了。然而他还想有漂亮的别墅和用不完的金钱，于是他迈着疲惫的双腿继续向前跑。当有人告诉他，如果他再不往回跑，就什么也得不到了，农夫却当做什么也没听见，他脑袋里想的全是土地、金钱和更多的享受。最终的结果可想而知，农夫终因心力衰竭倒地而亡。

无限膨胀的欲望使农夫失去了亲人、土地和生命，失去了自己原来拥有的一切。类似的事例当然不止这一个。

在永州这个地方，由于江河很多，所以在那里居住的人都很善于游泳。五六岁的小孩便能在河里嬉水抓鱼，大人们的水性更是了不得。

有一天，几个永州人打算结伴同乘一条小船过江去。一路上，大家谈笑风生地聊着天，还不时地用手去摸腰里。原来，他们带的铜钱很多，因为害怕被别人发现，就都用细长的布袋装着，缠在腰上。其中的一个人说自己出门去做生意几年了，现在回来看看家人。他也带了一个包袱在身边，时刻不离左右。

不一会儿，渡船来了。可是过了不多久，等船渡到江心的时候，麻烦的事情发生了。因为前些时一连下了好几天的暴雨，使得江水猛涨，水流变得特别湍急，而现在又忽然起了风，江面上掀起了巨浪。一个浪头打过来，小船承受不了，船尾破了一个大洞，江水猛地灌了进来，小船很快就沉了。船上的人见势不妙，纷纷跳下水，游泳逃命，好在他们都是游泳高手，就都奋力地向前游去。

那个先前一直带着包袱的人喘着气，两手上上下下地拼命划水，可是尽管他累得够呛，还是游得特别慢。游了半天了才游了一点点距离。同伴们都已经游出去老远了，可他还在江中间。

他的同伴觉得很奇怪，就招呼他说：“咦，你今天怎么回事啊？还在那里磨蹭什么啊？”那人气喘吁吁地回答说：“我是在尽力游啊！”同伴接

着问道："你一向非常擅长游水，怎么这一次落在后头呢?"这人费力地回答说："我跳下水之前把包袱里的一千枚大钱取出来缠在腰里，特别沉重，所以游起来分外吃力。"同伴听后，着急地对他喊道："嗨，都什么时候了，还顾着那些钱！我们都把钱袋丢掉了，你为什么不把钱袋丢了减轻负担呢?"这人使尽全身力气游着，拼命地摇着头，表示不肯丢下钱袋。

又过了一会儿，这个人越来越划不动了，眼看有沉底的危险了。他的同伴为他着急，提醒他说："你把钱解下来扔掉吧!"那人在水里忽沉忽浮的，好像随时都有可能沉没，很显然他已经没有力气说话了。

工夫不大，那人实在游不动了，就快要沉下去了，而其他的人都已经游到了对岸，看着他干着急，又蹦又跳地对他大声喊道："你怎么这么糊涂啊，眼看命都快保不住了，要钱还有什么用呢？现在丢掉钱还来得及，快扔掉钱，快扔掉钱呀!"

那人还是在江中挣扎着，怎么也不肯把他的钱丢掉。最后，他终于精疲力竭了，和他的钱一起沉到了江底。

很多人被欲望蒙蔽了双眼，没有想到贪婪的后果是自己承受不起的。我们不应该过于贪婪，要冷静的计算得到和付出的代价。不要因为一时的得到，而使自己失去更宝贵的东西。

人生箴言：钱财对每一个人来说都是必需的，特别是在商品经济社会，但是决不能以此为借口而贪恋财富，不然就容易丧失理智，分不清主次利弊，就会使自己陷入不利的境地。

陷阱反被陷阱害

人往往是知多知少难知足，就像《渔父和金鱼》的故事里的老太婆，要了木梳要木盆，要了木盆要木屋，要了木屋要皇宫，要来要去一场空。

人生在世，不能没有欲望。除了生存的欲望以外，人还有各种各样的欲望，欲望在一定程度上是促进社会发展和自我实现的动力。可是，欲望是无止境的，尤其是现代社会物欲更具诱惑力，如果管不住自己的欲望，任它随心所欲，就必然会给人带来痛苦和不幸。

在南美洲的热带丛林中，生长着一种弹跳力极强的小毛虫。它们体形纤细，而且感觉异常灵敏。当它们爬到树叶上吞食的时候，只要一有鸟儿靠近，它们就会迅速地弹起，隐藏到茂密的树丛中，从而逃脱掉鸟儿的袭击。

这种小毛虫的食量非常大，为了能够不停地吞食树叶而不被鸟儿发现，它们想出了一个“两全其美”的办法：它们先将两片相邻的叶子用丝缠到一起，然后，它们再钻到两片叶子之间，尽情享受下面的那片叶子。而有上面的叶子遮挡，鸟儿就不会发现了。

它们的伎俩，看起来非常“高明”，上面的叶子将它们的身体遮掩起来，在吞食下面叶子的同时，可以躲避开鸟儿的视线。

然而，有一种斑雀，它们的目光非常敏锐，而且喙也十分锋利。它们在树丛中飞行觅食的时候，可以通过阳光的照射，发现躲藏在“叶洞”中的毛虫的踪影。这是因为，小毛虫将下面的叶子咬出一个洞之后，阳光照射在上面的叶子上，就会隐现出一个“小银幕”；小毛虫的一举一动都会

印在那个“小银幕”上，这怎么可能瞒过斑雀敏锐的眼睛呢?发现之后，斑雀会以迅雷不及掩耳之势俯冲下来，将小毛虫捕获。

小毛虫为了满足自己贪婪的食欲，通过精心策划，原以为不会被鸟儿发现，可以尽情享用美餐了。然而，它们没有料到，它们自以为天衣无缝的计谋，其实是为自己掘出了一个陷阱。

在我们的生活中，到处充满着机会，可以说是能让人丰衣足食。生活中有这么多令人幸福的东西，可我们却变得越来越不幸福。究其原因，就是没有一颗知足的心。有了贪念，就永远不能满足；不满足，就会感到欠缺。因此，一颗知足的心，是真正的喜悦、真正的宁静、真正的幸福。

在南太平洋的深海域里，生长着一种会发光的灯笼鱼。在漆黑的海底，灯笼鱼躲在海藻附近，它们的背鳍会发出淡蓝色的荧光。那些光线一闪一灭，就会将附近一些小鱼和小虾吸引过来。这是灯笼鱼设下的陷阱，当那些小鱼和小虾游到它面前的时候，灯笼鱼就会突然张开血盆大嘴，迅疾地将那些好奇的小鱼和小虾吞入腹内。

然而，灯笼鱼像刚才所说的小毛虫一样，它们的食欲非常大。即使它们的肚子撑得像皮球一样的时候，仍不肯停止捕食。

在同一个海域内，还生长着一种牙鲆鱼，它们的视觉几乎丧失。但是，它们却依靠食海藻和捕食灯笼鱼而生存下来。原来，灯笼鱼刚开始捕食猎物的时候，背鳍的荧光还很淡。但是，随着它们隆起的腹部，那蓝色的荧光会越来越强烈。于是，牙鲆鱼便根据眼中看到的极微弱的光线，来判断灯笼鱼的位置，随后，一举将它们捕获。

如果小毛虫和灯笼鱼，都能够收敛一下自己的私欲，也就不会轻易落此悲惨的下场了。

一个人为了满足贪婪的私欲，偷偷给别人设下陷阱，结果往往他们自身是最终的受害者。然而，世间不是还有很多被贪婪私欲操纵的人，像小毛虫和灯笼鱼一样，已经跌入了自己为别人设下的陷阱，但仍执迷不悟，

最终落个悲惨的下场吗?

人生箴言：贪婪让人失去理智，分不清人生的方向，找不到生活的目标。贪婪像一张网，网住了人的快乐、幸福，甚至宝贵的生命。正所谓“人心不足蛇吞象”，过度的贪欲就是一切恶果的根源。

幸福就是降低你的欲望

欲望没有满足，贪念没有止境。欲望像越滚越大的雪球，蛊惑着人们拼命向前。然而，欲望带来的不是幸福，而是不幸。

有一个从事房地产的年轻人，经过自己几年的打拼，在本地已小有名气了。他每天的生活就像上足劲的发条一样，被传真、资料以及各种方案充斥得满满的。

一天，他加班到很晚。从公司出来后，走了很远的路也没有叫到车。走得热了，他停下来，解开领带，仰头出了口气。这时，他吃惊地看见星星在丝绒般的夜幕中闪烁着，洋溢着一种无言的美丽。一如他大学毕业前的最后一晚，几个要好的同学躺在学校图书馆前的草坪上看到的那样。那一晚，他们深深被血脉中扩张的青春激动着，广袤的星空与未来的前途一片光明。

从那以后，他几乎再也没有时间去注视过夜晚的星空了。因为从他走入社会，他一直保持着弯腰向前奔跑的姿势。太忙了，欲望总在膨胀，目标总在前方，于是他不停地向前奔跑着……

每个夜晚的这个时刻，他多半在应酬或是在作楼盘计划和方案，他从

没有想过哪怕透过一扇小窗，去望望宁静的夜空，倾听心灵一些细小的声音。

今天，当自己站在这静谧的星空下，他突然想起以前在大学看过一位日本餐饮业巨头总结的成功之道：在其连锁店中能提供给顾客的，永远是17厘米厚的汉堡与4℃的可乐。据他的研究人员研究发现，这是令客人感觉最佳的口感。当然，你也可以选择把汉堡做成20厘米厚，把可乐加热到10℃，但它们并不意味着最佳口感。

对于幸福，其实也只要17厘米和4℃就够了。幸福，它是一路上持续发生的，就如深夜静谧而美丽的星空所带给人的震撼，而非那个令人疲惫的终极雪球。

幸福到底是什么？许多人都在问，其实得到幸福很简单。听一听自己内心的声音，扔掉那些对自己来说十分奢侈的梦想和追求，那么，你就被幸福包围了。

有位著名的心理学家说："一个人体会幸福的感觉不仅与现实有关，还与自己的期望值紧密相连。如果期望值大于现实值，人们就会失望；反之，就会高兴。"的确，在同样的现实面前，由于期望值不一样，你的心情、体会就会产生差异。

一只老猫见到一只小猫在追逐自己的尾巴，便问道："你为什么要追自己的尾巴呢？"小猫回答说："我听说，对于一只猫来说，最为美好的便是幸福，而这个幸福就是我的尾巴。所以，我正在追逐它，一旦我捉住了我的尾巴，便得到幸福。"

老猫说："我的孩子，我也曾考虑过宇宙间的各种问题，我也曾认为幸福就是我的尾巴。但是，我现在已经发现，每当我追逐自己的尾巴时，它总是一躲再躲，而当我着手做自己的事情时，它却形影不离地伴随着我。"

同样道理，在现实生活中，人们总是喜欢拼命地追求、索取，以为这

样便可以得到幸福，殊不知，当你费尽心机地实现了这个目标，消除了一个烦恼，很快你又会有新的没有实现的目标，你又会烦恼。如此反复，永无尽头。事实上，人们追求的东西往往是自己并不需要的。

成龙拍完《我是谁》这部大片之后，在一次采访中说，他这次拍电影的场地是从非洲到繁华的都市，使他有着很深的感触。他说："在非洲，人们很容易满足，有面包能吃饱肚子，那就是幸福的一天。可是，繁华都市里的人，不用担心三餐，却有着很多的烦恼，他们总是在追求自己所不需要的东西"。

其实，追求幸福最有效率的方法就是"降低你的欲望"。通过心理调节，使自己能够平静地对待目标，从而减轻或消除心理负担，幸福也就会悄然而至。一位智者说："人生不同的结果起源于不同的心态。"的确，假如世界变得灰暗，那是你自己心中不够灿烂。只要降低一份欲望，你便会得到一份幸福。

人生箴言：欲望是一切罪恶和不幸的根源，还心灵一份宁静，让快乐和幸福保持得更持久些，降低自己的欲望，用淡定的人生态度去漠然视之，不是一种更好的方法吗？

欲望边缘坚守淡定之心

过度的贪欲是“万恶之根”，它给人带来妒忌、愁苦、争执，让人们终日生活在惶恐不安之中，而无法享受到平安、喜乐的从容人生。中国有句古话这样说道：“苦海无边，回头是岸。”可生活中，偏偏还是有很多人执迷不悟，因此，烦恼都是自寻的。

没有希望就没有失望。欲望越多，痛苦也越多。人心不足蛇吞象，想想蛇吞象的样子，会是一种什么感受——咽不进，吐不出，要多别扭有多别扭。什么都想要，最后可能什么也得不到，反而一辈子将自身置于忙忙碌碌、勾心斗角之中。这样活着，未免太累了吧!

欲望就像魔鬼，一点一滴吞噬着人们善良的心灵；欲望就像铁锁，整日整日地将人们囚禁于内，不得解脱。那么如何摆脱魔鬼的折磨，挣脱铁索的束缚呢？答案是：淡定。简简单单的两个字，却饱含了深层的涵义。淡定不是说说而已，要切实地落实到生活中的每一个地方，就像卡文迪一样。

卡文迪出身贵族，拥有“爵士”封号，还拥有大笔存款，是英格兰银行的最大客户。但他终生不娶，不理衣着，全心致力于科学研究，无暇顾及生活琐事。他的衣服大多是旧式的，满是褶皱，扣子掉了也不管。

一次，他到皇家学会去，顺便穿了一件在实验室工作时被硫酸烧坏了的破大衣，以致被认为是个流浪汉，人们说什么也不肯让他进去，待他通报了姓名，学会的职员才连连道歉，请他进去。

平时，他吃的也很简单，就是偶尔请科学家吃饭，一般是一条羊腿。

仆人笑着提醒他，一只羊腿不够五个人吃，他才改口说：“那就准备两只吧!”

人们问他：“你那样有钱，为什么又那么‘寒酸’呢?”

他自信而无愧地说：“我认为科学家的时间应当最少地用在生活上，而应当最多地用在科学上。”

面对别人的讥笑，卡文迪表现出淡定的姿态，真是因为他对欲望没有太多的要求，所以是一种从容的姿态。倘若欲望太盛的话，在那样一个场合，还不得穿华丽的衣服，吃山珍海味，又怎么会穿那么“寒酸”的衣服，吃那么“寒酸”的食物呢?

《大学》中说到：“定而后能静，静而后能安，安而后能虑，虑而后能得。”在欲望的边缘坚守一颗淡定的心，在困难与挫折面前矢志不渝，才能不断迈向新的成功。

人生箴言：人有各种各样的欲望，欲望促进着社会的发展，关系着人与人之间的和谐。随着欲望而来的，除了欢乐与享受，就是烦恼和忧愁。学会取舍，放松心情，保持一颗淡定的心，平静而快乐地活着，这个世界才更加美丽，生命才轻松而有意义！

人心不足蛇吞象

俗话说：“人心不足蛇吞象。”过度的贪欲就是一切恶果的根源。人活在世上，想要拥有的东西太多了，就像格林童话《渔夫和金鱼》中的老太婆，心中永不知足，到最后，却什么都没有得到。和这个老太婆相似的

还有一个农民。

从前，在一个兵荒马乱的年代，大家都背起行囊逃荒去了。一个农民背起自己的全部财产一袋红薯，也加入到了逃荒的队伍中。

走到半路上，农民碰到了饿得奄奄一息的父子二人，父亲背上也背着一个很重的袋子。那人见农民背着那么多红薯，便向农民讨要一个给孩子吃，农民不肯。那人便说："你卖给我，行吗?"说完把自己背上的一袋银子全倒在地上。农民的眼睛直了，因为他穷了一辈了，做梦都没见过这么多银子。

于是，农民把红薯给了那父子二人，背着一袋银子上路了，他怕那父子二人反悔，加快了脚步往前赶。几天后，农民再也走不动了，因为他一路上买不到任何东西吃，他快要饿死了。正在这时，买他红薯的父子二人，也很快就赶上了他。农民望着那个男人背上的红薯，那曾经是他的啊，他开始后悔了，走上前去要把红薯买回来，那父子二人却无论如何也不肯卖。农民失望地跌坐在地上，抱着他的银子，在饥饿中死去。

农民的灵魂见到了仙人，仙人对他说："本想给你一个发财的机会，没想到却要了你的命。真是人为财死，鸟为食亡呀!"农民说："我前世穷怕了，今生不想再当穷人了。"仙人说："其实你前世也命不该穷，那红薯只要卖一半，也就不叫穷了，谁叫你全部卖了呢?今生的事，好说。我且问你，今生你有两个去向，一个去向是一万个人供养你一人，另一个去向是你一个人供养一万个人，你愿意走哪条路?"农民一听，不假思索就答道："肯定是一万个人供养我一个人了!"然后千恩万谢地高兴而去。

八十年后，农民又回到仙人面前，说仙人骗他。仙人笑道："你怎么就说我骗你呢?"农民说："听了您的话，我做了一辈子的乞丐。"仙人说："那就对了，一万个人供养一个人，指的就是乞丐呀!你不能怪我，只能怪你自己贪心!"农民一听，便对仙人说："仙人老爷，我接下来的一世，求您一定得让我过点好日子啊!"仙人说："这个好说，现在有

两份好差事：一份是看守一座金山，一份是看守一片土地，你选哪份呢？”农民这回仔细地想了想，觉得还是看守金山的好。

仙人看着农民欢天喜地的背影说：“这小子生就是个穷命啊！”别人问为什么，仙人说：“这看守一片土地的差事，实际上是在一个地方当个大官；而那个看守一座金山的差事，实际上是当只老鼠，守一座谷仓啊。”

过度的贪心就像吃咸菜一样，吃得越多越渴。人若过于贪心，就会在心理上永无宁日，无法享受生活中从容的乐趣；人若过于贪心，就不能坚持公道，无法读懂生活中的真谛；人若过于贪心，就会利令智昏、见利忘义，无法体会天伦之乐，甚至连性命都可能丢失。

欲望不能过度，少一些比较好。少一份贪欲，就多一份从容和快乐。老子说得好：“见欲而止为德。”合理的需求才是从容，才是一种淡泊，才是顺应自然。唯其从容，方能摆脱一切世俗，悠然地过上自己想要的生活，创造属于自我的空间，让自己的人生从从容容而色彩纷呈！

人生箴言：欲望可以说是人的一种本能。人要活下去，就会有各种各样的“欲”。但是，凡事都要有个尺度，要克制自己的欲望，使自己的心归于平静，摆脱欲望的束缚，过淡定而祥和的人生！

无尽贪欲惹人“累”

没有一种生活是完美的，也没有一种生活会让一个人完全满意。如果抱怨成了习惯，就像搬起石头砸自己的脚，于人无益，于己不利，生活就

成了牢笼一般，处处不顺，处处不满；反之，自由地生活着，本身就是最大的幸福，哪会有那么多的抱怨呢？

因此，一个人快乐，不是因为他得到的多，而是因为他计较的少；一个人痛苦，不是因为他拥有太少，而是因为他欲望太多。

老师把两只分别标有甲、乙字样的玻璃瓶放在讲台上。甲瓶中仅有一点水，而乙瓶中的水快要溢出来了。

老师问学生：“如果把甲、 乙两瓶分别比作甲、乙两人，你们看，谁是穷人?谁是富人?。

“甲是穷人，乙是富人。”学生回答。

“为什么?”

“因为甲瓶水少，说明甲拥有得少，所以是穷人； 而乙瓶水多，说明乙拥有得多，所以是富人。”

“是吗?拥有得少就是穷人，拥有得多就是富人吗?”

“是!”

“但你们只看到了事物的一面，而没有看到另一面。”

“另一面?”学生惊奇地问。

“是的。我问你们，现在如果要把甲瓶和乙瓶都装满水，谁需要的水多?谁需要的水少?”

“甲需要的水多，乙需要的水少。”

“所以，我们可以说， 甲之所以是穷人，那是因为他需要的多；而乙之所以是富人，正是因为他需要的少。”

人无完人，物无无瑕。人在生活中有时不要过于执著，如果太过于执著，只能用一个字给其定论，那就是“累”。

时间并不能治疗伤痛，只能淡化伤痛，让我们所经历过的一点一滴去填充、去淡化这伤痛。也许失去会让人伤心欲绝，但不正是因为这种失去才让我们懂得珍惜吗？不正是因为失去才懂得自己的需要吗？失失得得，

得得失失，所以我们不能因为失去，总沉溺于痛苦当中，应该在失去后懂得正视自己。

一家外资企业，由于经营业绩较好，老板决定为员工加工资，增额为100元。但是老板对增资又有一个规定，并非每一个员工都增资，只从每一个小组当中推举出一名。到底谁能得到，由各个小组自己决定。各组的名额很快就报上来了。A组推选来的是一位技术娴熟资格较老的员工；B组报上来的是一位工资最少的员工，老板看了很满意。再看C组报上来的是一位谁都不得罪表现平平的员工，老板也不很在意，既然是各个小组自行决定，所以就尊重大家的意见。这位老板很想知道D组推举的是什么样的人，可是迟迟不见名单报上来，老板只好亲自去了解情况。跑去一看，才发现他们正为这100元吵得不可开交，每一个人都说自己的技术好，都比别人棒，都不肯让出这100元。最终他们做出这样一个决定，要求老板给他们每一个人增加100元。老板一生气取消了给D组增加工资的名额。

禅诗有云：春有百花秋有月，夏有凉风冬有雪。若无闲事挂心头，便是人间好时节。

境由心生，只有内心归于平静才可感受到人生的美好，心灵一旦被物欲所牵，就等于被蛛网所系，一生不得挣脱，而克制欲望，保持淡泊之心则可让人趋于平静。功名利禄，荣华富贵均是身外之物，不可没有，亦不可强求。如此，你的内心则可以获得释然。

人生箴言：在现代社会里，不要小瞧这不起眼的平淡的心态，它能于利不趋，于色不近，于失不馁，于得不骄。它能抗拒物欲的诱惑，帮你事业有成。有了它，你会彻悟人生，进入宁静致远的人生境界。

欲望面前，请适可而止

俗言道：“花无百日红，人无千日好。”任何人不可能一生总是春风得意。人生最风光、最美妙的往往是最短暂的。欲望犹是如此。欲望无止境，过度的欲望不仅不能让人生变得丰盈美好，反而会让得到的变得越来越少，让美好的东西离自己远去。因为强开的花不美，早熟的果不甜，欲望并不是越多越好，就像小猴子，太贪心而导致捡了芝麻，反而丢了西瓜，因此我们对待欲望应适可而止，不要学小猴子，更不要像下文中的狐狸一样，因为贪欲太大，最终导致两手空空，懊悔不已。

一天，一只狐狸出来觅食，很快，它就捉到一只飞雁，并把它衔在口中，负伤的飞雁在狐狸嘴里，不断挣扎着，挥动着翅膀。

当狐狸走到河边时，它看见河里的鱼又肥又大，滑溜溜的，感觉似乎比飞雁还好吃。于是，这只贪心的狐狸随即把飞雁放置于岸上，想先跳入河里去捉鱼，然后再享受这顿大餐。可是一入水，狐狸就站立不稳，身子随水漂流起来。狐狸一看情形不对，就没命地逃上岸来，总算保全了生命。但岸上哪里还有飞雁的影子，负伤的飞雁早就趁着狐狸不注意的时候飞走了。

狡猾如狐狸，也因过度贪心而错过了美味的食物，既然已经得到飞雁，何必又去捉鱼呢，结果折腾得惊魂不定，两手空空，害自己烦恼、懊悔不已。

狐狸虽狡猾，但是却不懂得适可而止，因为太贪心而使自己一无所有。那么什么是适可而止呢？孔子说：“不义且宝贵，于我如浮云。”把

不义之财看作浮云一样，分毫不取。弄清楚什么该拿，什么不该拿，只取自己当得之名、当得之利，就算懂得适可而止了。凡是不懂得适可而止的人，都必然没有好的结果。

三个年轻人一同去海边度假，傍晚，他们一起来到一家5层楼的小旅馆。旅馆的门童向他们介绍说：“我们的旅馆一共5层，你们可以一层层走上去，一旦觉得某一层的设施令你们满意，你们就可以停留下来。为了帮你们决定，我们在每一层楼都设立了告示牌，上面写明了这一层都有些什么。但是要记住，一旦决定住某一层，就不能再反悔。”三个人听了门童的介绍，都很感兴趣，就走进了这家旅馆。

在第一层楼，他们看到告示牌土写着：“这里的房间床板很硬，地毯也是旧的，而且没有上门早餐服务。”看到这样的告示，三个年轻人哄笑起来，并毫不迟疑地向楼上走去。

第二层的告示上写着：“这里的房间还好，床板不太硬，地毯半新，但没有上门早餐服务。”这层当然也没能留住这三个年轻人。

他们走到第三层褛，告示牌上写的是：“这里的房间很舒适，床很软，而且还有上门早餐服务，唯一不足的是地毯有些旧了。”

这个看起来还不错，三个年轻人讨论着，可是上面还有两层楼呢。

最后，他们还是放弃了，到了第四层，这一层的告示牌上的内容几乎是完美的：“这里不仅房间很舒适，而且所有用品都是新的，并且，会有上门早餐服务，我们还会送您水果。”

这一次，年轻人都非常高兴。他们商量了一会儿，结果却没有留在第四层，因为他们还想到第五层看看。他们终于来到了第五层，然而，他们都傻眼了，这一层空荡荡的，连一个房间也没有，告示牌上写着一行字：“这里没有房间，更不用说一个舒适的夜晚。设置这一层的目的只是为了开个玩笑，但遗憾的人，您是又一个被玩笑捉弄的人。”

在生活中，人们总是不懂得适可而止。无论做什么事情都要有度，这

个度就是做事的分寸，尤其在某些欲望面前，更应该适可而止，无数事实已证明：过度的欲望，会让得到的变得越来越少。

人生箴言：凡事要懂得适可而止。那些活得既幸福又自在的人，因为他们既不贪婪，又不奢侈，丰衣足食就已经满足了。所以他们活得自在潇洒，不会觉得累，因为没有那么多的烦恼与压力。学会适可而止，轻松地驾驭生活，就能够把自己从“累”中解脱出来。

欲望还是要节制点的好

这是一个极具诱惑力的社会，这是一个欲望膨胀的年代，人们的心里总是塞满着欲望和奢求，追名逐利的现代人，总是奢求穿要高档名牌，吃要山珍海味，住要乡间别墅，行要香车宝马。一切都被欲望支配着。

从前有两个很要好的朋友，决定一起到遥远的圣山朝圣。两人背上行囊，风尘仆仆地上路，誓言不达圣山朝拜决不返家。

两个人走啊走，走了两个多星期之后，遇见一位白发年长的圣者，圣者看到这两位如此友好的人千里迢迢要前往圣山朝圣，就十分感动地告诉他们：“从这里距离圣山还有十天的路程，但是很遗憾，我在这十字路口就要和你们分手，而在分手前，我要送你们一个礼物！礼物是你们当中一个人先许愿，他的愿望马上就会实现，而第2个人就可以得到那愿望的两倍。

此时，其中一个人心里想：“这太棒了，我已知道我想要什么，但我先不要讲，要不就吃亏了，他就可以得到双倍的礼物！不行！

另一个人也想："我怎么可以先讲呢？让我的朋友得到双倍的礼物。"

于是两个人开始客气起来。

"你先讲吧！"

"你比较年长，还是你先讲吧！"

"不，应该是你先讲。

两个人彼此客套地推来推去，到最后两人不耐烦了。

气氛也变了。" 你先讲嘛！" "为什么要我先讲，我才不要。"

两人推到最后，其中一人生气大声地说："喂，你真是不知好歹，你再不许愿的话，我把你的狗腿打断，把你掐死！"

另外一个人听了，没想到他的朋友居然变脸，竟然恐吓自己！于是想：你对我这么无情无意，我也不必对你太有情有意。

于是，狠下心来说，我先许愿，我希望我的一只眼睛立刻瞎掉，很快的这个人的一只眼睛瞎掉，而与他同行的好朋友也立刻两只眼睛瞎了。

原本这是一件十分美好的礼物，可以使两位好朋友互相共享，但是人的贪念与妒忌使原本的祝福变成诅咒，使好友变成仇敌，更是让原本可以双赢的变成双输。

一个穷人会缺很多东西，但是，一个贪欲者却是什么都会缺！

贫穷的人只要一点东西，就可以感到满足，奢侈的人需要很多东西也可满足，但是贪欲者却需要一切东西才能满足。所以贪婪的人总是不知足，他们天天生活在不满足的痛苦中，贪婪者想得到一切，但最终两手空空。

上帝在创造蜈蚣时，并没有为它造脚，但是它们可以爬得和蛇一样快速。有一天，它看到羚羊、梅花鹿和其他有脚的动物都跑得比它还快，心里很不高兴，便嫉妒地说："哼！脚愈多，当然跑得愈快！"

于是，它向上帝祷告说："上帝啊！我希望拥有比其他动物更多的脚。"

上帝答应了它的请求。他把好多好多脚放在蜈蚣面前，任凭它自由取用。

蜈蚣迫不及待地拿起这些脚，一只一只地往身上贴去，从头一直贴到尾，直到再也没有地方可贴了，它才依依不舍地停止。

它心满意足地看看满身是脚的自己，心中暗暗窃喜："现在，我可以像箭一样地飞出去了！"但是，等它一开始要跑步时，才发觉自己完全无法控制这些脚。这些脚劈哩啪啦地各走各的，它得全神贯注，才能使一大堆脚不致互相绊跌而顺利地往前走。这样一来，它走得比以前更慢了。

任何事物都不是多多益善，蜈蚣因为贪婪，想拥有更多的脚，结果却适得其反，脚却成了束缚它行动的绳索，代价可谓惨重。

其实，人人都有欲望，都想过美满幸福的生活，都希望丰衣足食，这是人之常情。但是，如果把这种欲望变成不正当的欲求，变成无止境的贪婪，那我们就无形中成了欲望的奴隶了。

人生箴言：西方一位哲学家说过："人的欲望是一列火车，如不控制就会害人害己。"物欲、权欲、钱欲、情欲……凡此种种，一旦过度，就成了一条咬心的虫子，咬得人浮躁不安，痛苦不堪。由此看来，欲望还是要节制点的好。

少一些欲望，多一些快乐

下面这个故事，也许大家都很熟悉，但是在大家继续重温的时候，请别忘记思考。

有个乞丐，每天以乞讨维持生活，却一直很快乐。直到有一天，他在路上捡到了一个袋子，袋子里有99枚金币。乞丐很开心，可是不久他就

想，现在是99枚金币，还差一枚就是100枚金币了。我要努力攒到100枚金币，以后，我还要有1000枚金币。

于是，他每天就很早起床去乞讨，不要食物只要钱。可是，钱是很难讨到的，他讨得很艰难。日子一天天过去了，他的脸上再也没有了过去那样的笑容。人们问他，为什么不快乐了？他说，我是乞丐，有什么好快乐的！心里又说，快点让我攒到100枚金币吧，那样我才能快乐。

乞丐每天就这么过着，身体越来越消瘦，终于在还差16美分的时候他病倒了。就在他奄奄一息的时候，有个富翁经过。富翁惊奇地问乞丐：你没有捡到我的一袋金币吗？那里有99枚金币。我因为觉得你很辛苦，所以故意将那袋金币放在你必经的小路上。乞丐说，是，我捡到了那袋金币。富翁又问，那你为什么不拿金币去过好日子呢？为什么不拿去看病呢？当得知乞丐是为了攒到100枚金币时，富翁毫不犹豫地拿出一枚金币递给了乞丐。乞丐接过金币就立即昏了过去。

这时，一个游僧经过，赶紧来给乞丐诊治。当从富翁口中了解到事情的原委后，游僧长叹了一口气说，完了，他没救了。因为当他有了99枚金币的时候他就会想要100枚，这就是每个人都不可避免的贪欲，贪欲夺走了他的快乐。你要救他，就得向他索回那99枚金币 ，那样他或许还有救。现在，你反倒满足了他的欲望，重病的他就失去了支撑下去的动力了。富翁忙去看乞丐，发现乞丐已经断了气。

生活中充满诱惑，它无所不在，而且常常令人难以抗拒。尤其是当我们意志不坚定的时候，诱惑总是以最迷人的姿态，在来不及抗拒之际，将我们掳去成为它的俘虏。对于欲望，人们无法拒绝，总是不满足眼前所拥有的，一味地追求不可能得到的东西，从而给自己带来不必要的痛苦，甚至致命的结果，比如那个乞丐。因此，人必须要懂得知足，只有知足才能得到幸福。不知足的人只会让生活变得愈加沉重，不再富有情趣。

太多的追求，只能让自己活得太累，太多的牵涉和羁绊只会让自己日

渐憔悴。如果我们在各种诱惑面前，能够有所节制和约束，不是多欲、纵欲，而是知足常乐，把欲望约束在法律和道德允许的范围内，那就会免除许多烦恼，生活就会充满快乐，人生境界就能得到拓展和升华。

人生箴言：人生好像一条河，有其源头，有其终点。不管生命的河流有多长，最终都要到达终点，流入海洋，人生终有尽头。活着的时候，少一点儿欲望，多一点快乐，有什么不好呢？

第四章
戒骄戒躁看世间百态

随着社会变得越来越快节奏化，人们似乎也跟着变得越来越急躁，对任何事情都想要一步登天。这自然是不太可能，正所谓“心急吃不了热豆腐”，甚至会“欲速则不达”，走向事情发展的反方向。由此看来，人还是需要避免急躁，用一颗淡定的心来对待世间所有的一切。戒骄戒躁，用一双淡定的“眼睛”来观赏这世间百态。

保持平和，远离急躁

生活中，人们的压力似乎越来越大，工作中竞争的压力、生活中照顾老人、孩子的压力，住房、吃饭的压力，等等，这些压得人们喘不过气来。因此，焦虑、欢喜、急躁、慌乱、失落、颓废、茫然、百无聊赖……交替划过人们敏感的内心。许多时候，人们在这种心境中变得盲目急躁。

说到急躁，不由得让人想起一则民间故事，说一位性子急躁的女人，深更半夜听说母亲病得严重，连忙抱小孩回娘家看望。慌忙之中，竟错把枕头当做娃娃。一路急急忙忙赶路，路过瓜棚底下，被瓜藤绊倒了，摔了一大跤，把抱来的枕头摔得老远。在黑暗中乱摸一阵，摸到了个冬瓜，不由分辨，立马抱起冬瓜就走。待天亮赶到娘家时，方知怀里抱的不是小孩而是冬瓜！

虽然故事有些夸大其词，不一定符合现实情况，但是它却向人们展示了一个道理：急躁对于人有害无益，我们可以从下面这个故事中看到。

许多村民到山上去打猎，其中的一个猎人不小心掉进很深的坑洞里，他的右手和双脚都摔断了，只剩一只健全的左手。坑洞非常深，又很陡峭，地面上的人束手无策，只能喊叫。

幸好，坑洞的壁上长了一些草，那个猎人就用左手撑住洞壁，以嘴巴咬住草，慢慢地往上攀爬。地面上的人就着微光，看不清洞里，只能大声为他加油。等到看清他身处险境，嘴巴咬着小草攀爬，忍不住议论起来："哎呀！像他这样一定爬不上来了！""情况真糟，他的手脚都断了呢！""对呀！那些小草根本不可能撑住他的身体。""真可惜！他如果摔下去死

了，留下庞大的家产就无缘享用了。”“他的老母亲和妻子可怎么办才好?”

落入坑洞的猎人听到这些话，实在忍无可忍了，他张开嘴大叫：“你们都给我闭嘴!”就在他张口的刹那，他再度落入坑洞，这一次摔得相当严重，当他摔到洞底即将死去之前，他听到洞口的人异口同声地说：“我就说嘛！用嘴爬坑洞，是绝对不可能成功的!”

故事就是故事，现实中不可能发生这样的事，但是这也提醒了聪明的现代人，为人处世千万不要急躁。在工作中，急躁容易得罪客户，把本职工作办砸；在为人处世中，急躁容易伤害朋友间的友谊，不利于和别人交往；在学习上，急躁常与浮躁联系在一起，急躁的人沉不住气，当然也就不能稳扎稳打地学习知识了；在自身健康上，急躁容易引起内分泌失调，有害身体健康。

总之，急躁没有好处，人们在行事时一定要戒骄戒躁，保持一种沉稳、淡定的作风，这样才可赢得别人的尊重，得到他人的认可。

丘吉尔有锻炼身体的习惯。有一次他骑着一辆脚踏车在路上闲逛，这时，也有一位女士骑着脚踏车，从另一个方向急奔而来。由于没刹住车，最后竟撞倒了丘吉尔。“你这个糟老头到底会不会骑车?”这位女士恶人先告状地破口大骂，“骑车不长眼睛吗?”“对不起！对不起！我还不大会骑车。”丘吉尔对那位女土的恶行恶状并不介意，只是不断地向对方道歉。“看来你已经学会很久了，对不对?”这位女士的气立刻消了一半，再仔细一看，他竟然是伟大的首相，只好羞愧地说道：“不……不……您知道吗？我是半分钟之前才学会的……教会我的就是阁下。”

不管在生活中还是职场中，不管遇到什么问题，从事什么工作，一定要努力学会，而且是必须学会去适应环境，而不是怨天尤人、沾沾自喜抑或是垂头丧气。只有这样我们才能平和地去对待工作和身边的事务，摆脱浮躁，走向成熟。

人生箴言：人生有许多令自己不满的事情，对于这些事情，我们生气、愤怒，我们责备、辱骂，这又有什么用呢，它会在你的生气愤怒、责备辱骂下变得顺你心应你意吗？当然不会，既然不会，那么何不戒骄戒躁，潇潇洒洒，以一种淡定的姿态去看世事万物呢？

输，是个什么玩意儿

美国股票大王贺希哈曾说过："不要问我能赢多少，而是问我能输得起多少。"赢，大家都赢得起，但是输却未必。有些人只能享受赢的喜悦，却不能承受输的惨状。这些人的赢只能说是幸运，他们不能被称为"成功者"，因为大凡成功者都是能经得起大风大浪的人，他们对成功没有太多喜悦，对失败也没有太多沮丧，他们从来都不懂输是个什么玩意儿。

杰克·韦尔奇，这个被誉为"世界第一CEO"、美国当代最成功最伟大的企业家，在读高中的时候是小冰球队的队员。在一次联赛中，开始时他们一路顺风，连赢了三场比赛。但是，随后却连输了六场比赛，其中有五场都是一球之差。因此，在最后的一场比赛中，杰克·韦尔奇极度渴望获得胜利。

可事实却没有按照自己的期望发展。上半场的时候，杰克·韦尔奇连进两球，下半场对方连进了两球，因此比赛进入了加时赛，在加时赛开始没有多久，对方就进了一球，比赛以2：3的结果告终，杰克·韦尔奇他们队输了。

杰克·韦尔奇再也无法忍受，于是愤怒地将球棍摔到对方的场地，怒火冲天地走进了更衣室，就在这个时候，门突然开了，他的母亲大步走进

来，一把将他的衣领揪住，大声喊道："你这个窝囊废！如果你不知道什么是失败，你就永远都不会知道怎样才能获得成功，如果你真的不知道，那你最好就不要来参加比赛!"

杰克·韦尔奇的母亲就这样让他懂得了失败是成功的必经之路，接受失败是前进路上不可缺少的一部分。从那时起，杰克·韦尔奇每一次都能以平静的心情去面对比赛，对失败也从不放在心上，这种心态也为他日后的成功打下了坚实的基础。

有输才有赢，输得起才能赢得起。做人应该要有胸怀，能坦然面对人生的输赢，这才是最终的赢家。

在1998年11月9日，美国犹他州土尔市发生一件奇怪的事。42岁的路克，是本市某小学校长，这天他在雪地里爬行1.6公里，历时3小时去上班，受到了过路人和全校师生的热烈欢迎。

原来，这个学期初，为激励全校师生的读书热情，路克校长曾公开打赌：如果你们在11月9日前读书15万页，我就在9日那天爬行上班!于是，为了赢得这场赌注，全校师生猛劲儿读书，连校办幼儿园大一点的孩子也参加了这一活动，终于在11月9日前读完了15万页书。有的学生打电话给校长："你爬不爬？你说话算不算数?"也有人劝他："你已经达到激励学生读书的目的了，不要爬了!"可路克坚定地说："—诺千金，我一定要爬着上班!"与每天一样，路克早晨7点离开家门，所不同的是他没有开车，而是四肢着地爬行去上班。

他不在公路上爬行，因为那样会影响交通安全，而是在路边的草地上爬。过路的汽车向他鸣笛致敬，有的学生索性和校长一起爬。这事引起了人们的关注，最后连新闻单位也前来采访。经过3个小时的爬行，路克磨破了5副手套，护膝也磨破了，但他终于爬到了学校，全校师生夹道欢迎自己心爱的校长。当路克从地上站起来的时候，孩子们都热情地拥抱他，吻他……他实现了自己的诺言。

路克校长虽然赌注输了，但是却因为自己的一诺千金而赢得了最终的胜利。对于真正的大赢家来说，输根本算不得什么玩意儿！

人生箴言：有人在赛场上问王义夫："有没有想过，如果输了怎么办?" 王义夫轻松地回答说："我们都是在成败的反复交替当中成长起来的。我输得起就能赢得起。"输得起，是一种态度，既然输得起就证明敢于挑战失败，那么他就有赢的机会。假如一个人从没有失败过，那就证明这个人从没付出过努力，既然努力都没有，那么他又何来成功可言呢？

失意时，坦然面对

在生活中，有得也有失，有成功自然也会有失败。其实，失败并不可怕，可怕的是我们没有一颗正确面对它的心。面对失败，我们痛苦，我们伤心，可这又有何用，毕竟已经失败，伤心痛苦能挽回不失败的结果吗？当然不能，所以我们在失败时要保持一颗淡定的心，坦然面对，然后总结经验，积蓄力量，最终厚积薄发，摘取胜利的果实。

一位成绩优秀的小伙子参加高考后，原以为自己可以考上一所名牌大学。然而，由于他在考场上没有发挥好，所以仅考上了一所三流大学。事与愿违，理想和现实的巨大落差使他一下予跌倒在失意的泥沼里。从此，便过着浑浑噩噩的日子。就在此时，他收到启蒙老师写给他的一封信，信中这样说："我相信你是一只鹰，尽管有些时候，鹰飞得比鸡还要低，但鹰毕竟是鹰，鸡永远都无法飞到鹰的高度。不管面对什么事情，都要保持乐观豁达的心态，这样才能使自己振作起来，重新来过。"看过信后，小

伙子从中悟出了许多道理。

之后的日子里，他时常都会想起老师的话语，很快就想通了：是啊，没考上名牌大学有什么了不起的，我完全可以凭借自己的努力，在以后的学习和工作中取得比名牌大学毕业生更大的成就。人生在世，有得就必有失，我怎么能因为一次小小的挫折而一蹶不振呢？想到这些，他便重新振作起来，以更大的热情投入到学习中。最终，功夫不负有心人，大学毕业之后，他考上了省内一所名牌大学的研究生。后来，当他走上工作岗位，再回想一下自己得到和失去的，感叹道：一切都源于心态的不同。

失意时坦然面对，才能收获美好的未来。同样，美国的保罗·迪克也是一个能在失意时坦然面对的好榜样！

保罗·迪克生活在一个美丽的森林庄园当中，那是他的祖父留给他的，他为自己拥有的这座童话般的庄园感到自豪。但是，他才刚刚从祖父那里继承了这座庄园，甚至自己都还没有欣赏完庄园的每一个角落，就陷入了十分苦恼的境地。

那年秋天，一道刺眼的雷电将天空劈开两半，引发了一场山火，保罗·迪克的庄园因此受到伤害。一夜之间，百年基业化作一片废墟，这让保罗·迪克陷入了一筹莫展的境地。

是啊，那样美丽的庄园，毁于一旦，怎能让人不伤心。保罗决定修复庄园，让它恢复昔日美丽的容貌。

于是，他倾其所有，向银行提交了贷款申请，但是银行却无情地拒绝了他，束手无策的保罗当然难过到了极点，为此茶饭不思，闭门不出，他承受不了那样的打击，他知道出门也不会再看到郁郁葱葱的森林了。

过了一个多月，保罗憔悴极了，眼睛里泛着血丝，依然是足不出户。他年迈的外祖母听说此事之后就找到这个年轻的小伙子，告诉他说：“年轻人，森林变成了废墟并不可怕，可怕的是你的眼睛失去光泽，一天天衰老，眼睛老去，以后还怎么看到希望……”

终于，保罗在外祖母的说服下，走出庄园去散心。

正值秋天，树叶凋零让保罗的心情更加失落，他失魂落魄地在街上走着，在一条街的转弯处，他看到一家店铺前面排起了长龙，原来是那些家庭主妇正在买过冬取暖用的木炭。保罗眼前一亮，似乎有了什么好主意。

接下来的半个月，保罗雇用了几个炭工，因为他那被烧毁的森林正是加工木炭的好材料，他将那些烧焦的木头加工成优质木炭，分装成1000箱，木炭的确是抢手货，集市上的木炭经销店毫不犹豫地购买下他的木炭。

保罗从他那被破坏的庄园中找出了价值不菲的“宝贝”，他用赚到的这笔钱购买了一大批新树苗，没过几年，森林庄园又重新变得绿意盎然。

面对失败，保罗也曾失望过、灰心过，但是外祖母的一番话给了他力量，让他坦然面对人生中的失意。人生之路并不都是充满阳光、充满鲜花的“阳关大道”，有时也有沟沟坎坎，学业、事业、婚姻、家庭、生活等方面出现一些这样那样的失败和挫折也是正常的，对于失意，应有的心态是不沉沦，不怨天尤人，从失败中奋起，勇于拼搏，敢于从头再来，这才是“人间正道”。

人生箴言：坦然，就是心态平和，顺其自然，这是失意时的最为重要的心态。生活需要一种磨练，一种定力，一种修养，这不是一日之功所能达到的境界。把一切失败、荣辱都看淡，坦然视之，你必将拥有释然自在的一生！

做一股“浅浅水”

范仲淹在《岳阳楼记》中写道：“不以物喜，不以己悲，居庙堂之高则忧其民，处江湖之远则忧其君，是进亦忧，退亦忧。然则何时而乐耶？其必曰‘先天下之忧而忧，后天下之乐而乐乎？’”范仲淹记岳阳楼，一为重修岳阳楼，更为劝老朋友滕子京。滕子京当年作为改革派人物受诬被贬到岳州，心中愤愤不平。范仲淹便借记岳阳楼，而把规劝之言和自己的处世态度自然艺术地表达出来。所谓“不以物喜，不以己悲”，就是说人的忧喜情绪不因客观景物美好而高兴，也不因个人境遇不佳而忧伤，顺其自然，豁然、超然。虽然一般人很难做到“不以物喜，不以己悲”，但是我们在生活中最起码也应做到顺境不骄矜，逆境不颓唐的生活态度。

春秋时期，孔子率学生们出游。

一天，孔子观赏瀑布的景色，见那水流从二三十丈的高处飞泻而下，撞入江中，激起滚滚波涛，直冲出数十里之外，那地方，鱼虾龟鳖都无法生存。

忽然，只见一个男子跳进急流之中，孔子以为那是自寻短见的，便急忙让学生顺着河流去搭救他。不料，这人游出数百步之外，便从水中走出，在河边悠然自得地唱起歌来。

孔子赶上去问他：“您能在这种地方游泳，有什么秘诀吗？”那男子回答道：“我没有什么秘诀。我凭着人类的本能开始我的生活，依靠人类的适应性而成长，顺其自然成功。游泳的时候，我同漩流一起潜入水底，随同涌流而浮出水面，完全顺从水性而不凭主观意志从事。这便是我能驾

驭汹涌急流的原因。”

孔子又问：“什么叫做凭本能开始生活，靠适应性而成长，顺其自然而成功呢？”那男子回答：“我生在陆地而安于陆地，这就是本能；长于水上而安于水，这就是适应性；不知道我为什么会这样而结果这样，这就是顺其自然。”孔子点头顿悟。

这个男子能制服汹涌奔腾的急流，遨游其中，得心应手，就因为他不以主观意志从事，而是根据自然法规，尊重客观规律，按着生活的逻辑去办事。人之处事亦应顺其自然，正所谓适应世事适应万物。

“不以物喜，不以己悲”就是要我们守住一颗平常心。守住平常心，应该承认有些东西得不到，学会放下，放下求之而不得的东西，才会轻松快乐起来。那就拿起平平凡凡的事吧！脚踏实地认认真真地做下去。其实，往往平凡的表面蕴藏着深层次的规律和道理，你会越干越高兴，越干越快乐。

庆历二年(1042 年)，范仲淹任邠州(今陕西彬县)太宗。一天闲暇时，他约了同僚登楼饮酒做诗，宴会尚未正式开始，哀哭声由远而近。当他得知死者因无钱置买棺椁时，立即撤席，飞马回府，拿出自己的积蓄帮助安葬死者。他的这一举动深深感动了在场的人，无不为之叹服。由于范仲淹为政清廉，为人民办了好事，邠州、庆州(今甘肃庆县)的百姓和宋属的羌族，“皆画像立生祠事之”。

范仲淹不仅为政清廉，而且个人生活十分节俭。每当他遇到贫困者，总是倾囊相助。当初，“诸子至易衣而出，仲淹晏如也”。“其后虽贵，非宾客不重肉。妻子衣食仅能自充”。他虽贵为将相，但却勤俭持家，对子孙要求十分严格。次子范纯仁结婚时，他主张一切从简，可儿媳家想用罗绮帷帐做嫁妆，他听后很不高兴，立即对纯仁说：“罗绮非帷幔之物，吾家素清俭，安能以罗绮为幔，坏我家法，若将罗幔带入家门，吾将当众焚之于庭。”最后还是按照范仲淹的意思朴朴素素地办了婚事。

守住平常心，就是学会放下美丽的光环，轻松前行。学会应难而上，踏平坎坷上大道。顺境和逆境都是人生的财富，只有懂得珍惜和品尝的人，才会读懂“平常”二字的“不平常”真谛。

人生箴言：有一种人生叫淡定，淡定的人生是快乐的。不管忧也好，喜也罢，都能在客观环境不变，或变化较小的情况下，靠主观调节，努力减少忧虑，寻找快乐。把目光放远些，不要为眼前的境遇所困扰，所压倒；不要被蝇头小利所诱惑，所腐蚀，做一股“浅浅水”，让它“长长流，来无尽，去无休。”

“空杯”是最好的状态

一位伟人曾这样说过：“九牛一毫莫自夸，骄傲自满必翻车”，这是很有道理的。人的一生，难免有时会有些小成就，这时心情高兴是人之常情，但是如果把这看成自己永远的资本，而刻意对别人炫耀，或因此而自命不凡，那绝对是不可取的。因为人生如逆水行舟，不进则退，同时福祸相依，得意是短暂的，因此，要把得意看淡一些，轻一些，头脑要清醒一些。否则如果被“胜利”冲昏了头脑，则会离失败更近一些，“死”得更快一些！下面的这位年轻人就是如此。

一位80年代后期自费留学的朱姓学子，在国内大学毕业，由于学业基础好，在国外不出三年便获得了学位，被一家公司聘用，并与一位碧眼金发的外籍同学“喜结连理”。由此这位学子得出了一个在美国书好读、事好谋、家好立的结论，顿时觉得人生得意，忘乎所以，腰板也直了，头

也扬起来了，见到亲朋好友也不像过去那样热情了，象征性地点一点头，眼睛却看另一个方向，似乎在告诉他人：只有他才是最“得意”的人。

对于他这样“飘飘然”的人，他人只好“敬而远之”了。不到三年，由于他学业荒废了，不再求上进了，工作越来越不适应了，再加上美国经济不景气，公司面临破产，在裁员时他第一批“下岗”。洋妻子见他失业了，也随“老情人”远走他乡了，他又成了四处求职的“待业者”和“人走家也搬”的光棍。面对这意想不到的失业、离婚的事实，他心态又来了个一百八十度的大转弯，从此怨天尤人，一蹶不振，走路头也低下了，见老熟人也不好意思搭话了，得意时的“威风”一时间荡然无存。

所之，人在提升、晋级、受表彰奖励等一切时千万不要太得意，不可学庸人孟郊那种“春风得意马蹄疾，一日看尽长安花”的不可一世的骄横之态，因为说不定什么时候你就会踩到“臭狗屎”，触到厄运的霉头。

古时候有一个名叫张伦山的人，精通射箭，被当时的人们称为第一神射手。有一次，张伦山在靶场练习射箭，旁边挤满了前来围观的人。

一个卖油的老头经过，放下肩上扛着的油担，在一旁观看。张伦山果然射艺非凡，不但箭箭射中靶心，而且力道惊人，支支穿透箭靶，大家都一齐拍手叫好。只有这个卖油的老人微微点了几下头，显得并不十分佩服，张伦山见状，便转头问这个卖油老人：“你也会射箭吗?”

“我不会射箭。”卖油老头摇着头回答说：“不过，你虽然射得很好，但也没有什么特别的地方，依我看，只是手法熟练罢了!”

张伦山听后有点发怒了，对着卖油老头说：“你这个老头，既不会射箭又这么小看人，真是岂有此理!”

“年轻人，不要这么急着动怒!”卖油老头不慌不忙地说：“我是卖油的，也从舀油上得了一点小经验，现在请你看一看吧!”卖油老人把一个盛油的葫芦放在地上，用一个铜钱放在葫芦口上，然后用油勺子将油从钱眼里沥下去。沥进去了许多油，可是一点也没有粘在钱眼上，“你看，

这也没有什么特别的地方，只是手法纯熟罢了！”卖油老人抬起头来，对张伦山说道。

从此以后，张伦山再也不敢以射箭自夸了。

一般取得点成绩便不可一世，这样的人多是小人得志。谁都不可能成为无所不能、万事皆通的全才，无论你的成就有多高，一定要清楚天外有天，人外有人，虚心地取人之长，补己之短。如果你小富即满，小胜即可，小成即足，你就不会再吸收新的东西，就不会再继续前行，更不会淡然处之。所以，永远要使自己处于“空杯”的状态，胸怀要宽广些，眼光要远大些，只要虚心向别人学习，善于把别人的长处变成自己的长处，那么你才能让自己更丰富，更坚实，更具魅力，才会在人生的路途上走得更踏实，更坦然。

人生箴言：骄傲使人落后，谦虚使人进步。成就，荣誉只代表过去，并不代表未来。如果一个人对已经成为过去的成就、荣誉耿耿于怀，洋洋自得，就会背上包袱，迷失方向，彷徨不前。所以，人生得意要淡然处之，过去的就让它过去吧，别老是放在心上，一切还需从新开始。

苏轼对人生的领悟

“不以物喜，不以己悲”是一种高层次的境界，它讲求一种豁达淡然的心态，在得到时放下狂喜，在失去时放下忧愁。在这个快速、便捷的消费时代，人们有各种各样的欲望，有精神上的，也有物质上的。有欲望是人之常情，无可厚非，人人都希望达到一种精神和物质上的双重满足。对

待欲望应该有一个正确的态度，不能让欲望牵着我们的情绪走，得到了就欣喜若狂，没得到或失去了就忧伤愤恨。我们不应该因外物的丰富而骄傲和狂喜，也不应因为个人的失意潦倒而悲伤。这在苏轼的人生中，就得到了体现。

苏轼的一生有辉煌也有平淡，但是他没有为一时的辉煌而欣喜若狂，也没有为一时的平淡或寂寞而急躁以至抱怨。他一生甘于寂寞，一切都淡然置之，这就是他对人生的领悟。

苏轼少年得志，二十几岁就入京得到了当时文坛领袖欧阳修的赏识，欧阳修曾断言："此人他日文章必独步天下!"事实正如欧阳修所断言的那样：论文方面，他是"唐宋八大家"之一；论诗方面，他与黄庭坚并称"苏黄"；论词方面，他是豪放派的开山鼻祖；论书法方面，他是"宋四家"之一。

然而，和他在学术上的卓越成就比较起来，苏轼的仕途就显得不是那么顺畅了，可以用危机四伏，甚至九死一生来形容。但面对这些，他总能宠辱不惊，淡然处之。21 岁时，苏轼就考中进士。他看到王安石变法当中有些问题欠考虑，产生了一些弊端，变法的结果与初衷相背。于是他就站了出来反对新法，结果遭到多次贬谪。两次被贬杭州，他也不以为意，而是认真地做起了小官，领人在西湖筑堤，这就是有名的"苏堤"。从杭州他又到过密州、徐州、湖州。在湖州，苏轼还曾被捉拿到御史台审问。原来，反对苏轼的人在他的诗文里断章取义地摘取一些句子对其进行陷害，这就是有名的"乌台诗案"。苏轼以为自己必死无疑，于是告诉为他送饭的弟弟说，平时不要送鱼，若听说我要被判处死罪再送鱼。有一次，他弟弟病了，托人送饭，那人不知情，送了鱼，害得他虚惊一场。后来还是王安石一句话："哪有盛世而杀才士乎?"苏轼才得以出狱。

出狱之后，苏轼被贬黄州，任团练副使。表面上是个官员，其实是受地方官的监督，言论行为都受到管束。

在去世前两个月，苏轼被大赦而调回京城，途中路过镇江，看到李龙眠为他画的画像， 即刻写了一首诗：“心似已灰之木，身如不系之舟。问汝平生功业，黄州惠州儋州。”以被贬的三个主要地方的地名来作为自己平生功业的总结，其中的悲苦自然是难以言传的，但是苏轼还是那么潇洒、从容、淡然、旷达，从他的代表作《前赤壁赋》和《后赤壁赋》中可以明显地感受到这些。

苏轼的能屈能伸、豁达淡然的心态无疑令我们这些生活在快节奏时代而又极易情绪化的人值得学习。在快节奏的现代社会，事情变化不过是转瞬之间，或许一下得到大笔的财富或至高的地位，或许一下失去从前所得到的财富、权利，人们的心情在潮涨潮落中起起伏伏。其实，大可不必如此，世间的一切只不过是虚浮，对待它们，我们要保持一种豁达淡然的心态。

生活像一条大河，时而宁静，时而疯狂，一切都可能因时空转变而发生变化。明白了这一点，我们就能把功名利禄全部抛在身外，做到荣辱毁誉不上心头；放下得失，才能用宁静平和的心境写出生命中洒脱飘逸的诗篇。

人生箴言：不以物喜，不以己悲。生活如诗，心情如画，保持淡然豁达的心境看待人生百态，守住乐观的心境，何愁前路无美景，何愁人生不丰盈。

做人一定要低调

淡泊处事，超然做人，以一种平和的心态面对世事，才不至于被人生的骤悲骤喜影响自己的心情。唯宁静方以致远。笑到最后，才笑得最好，不获取最后的成就，不能有丝毫的松懈，这样才能避免功亏一篑。没有永远的胜利者，也没有永远的失败者，很多时候，胜利过后不一定是辉煌，当我们得意忘形之时，迎接我们的则有可能是灭顶之灾。

韩信最终丢掉自己的性命，也是因为他不懂“低调”，而被“枪打出头鸟”。

很早以前，蒯通就对韩信说过：“勇略震主者身危，而功盖天下者不赏。”也就是说，一个为人之臣的，如果才智、能力和功劳都大到无以复加的地步，他也就性命难保了。为什么呢？因为所谓君臣关系，诚如韩非子所言，是“主卖官爵，臣卖智力”。双方的关系之所以能够维持，全在于人君手上有足够用于封赏的官爵，而人臣的智力又总是不够用，或总是有用武之地。如果某个人臣的智力和功勋已大得赏无可赏，这个买卖就做不下去了。因为，再下一步，便只有请人君让出自己的交椅，这是任何一个稍有头脑和稍有能力的君主都断然不能接受的。刘邦和韩信的关系便正是这样。所以，刘邦非除掉韩信不可。

在韩信被变相软禁的日子里，刘邦经常找韩信聊天，十分优游从容地和韩信议论诸将的才能。有一次，刘邦问韩信：“像我这样的，能带多少兵？”韩信说：“超不过十万。”刘邦又问：“你呢？”韩信说：“多多益善。”刘邦就笑了笑说：“好好好，多多益善，怎么被我抓起来了？”韩信

说："陛下不善驾驭兵士，而善于驾驭将领，这就是我韩信斗不过陛下的原因。再说陛下是天才，哪里是人才比得上的(陛下所谓天授，非人力也)!"其实，话说到这个份上，韩信就实在太不懂低调，该反思一下了。所谓"天授"，是指"天子"(君权神授)还是"天才"(天资聪明)，可以先不管，"善于驾驭将领"一说，则值得琢磨。

刘邦确实善于驾驭将领，也确有领袖的天分。但驾驭将领之法，其实不难，无非知人善用再加恩威并重而已，既要懂得"重赏之下，必有勇夫"，也要懂得"杀一儆百"。反正，赏也好，罚也好，该出手时就出手，绝不能手软。因此，在驾驭将领的过程中，杀鸡给猴看，总是免不了的。韩信就是一只会打鸣的红毛大公鸡。杀与不杀，就看猴子跳不跳，也看公鸡乖不乖。可惜韩信并没有想到这些。他似乎丝毫也没有想到，刘邦对他，正处于杀与不杀的两难之间。不杀，留着终是个危险；杀，一时半会还下不了手。

如果这时韩信做人能够低调一点，夹着尾巴做人，甚至干脆告老还乡，也许还能全身而退。然而韩信一点都不懂收敛。他常称病不上朝，这些言行，都表现出韩信对刘邦的处置是不服、不满、有怨、有恨的。这在韩信自己，是因为受了委屈，但在刘邦眼里，则是"不服之心"，必须翦除。

人，无论在什么时候，什么地方都不能过于骄傲和自大，如果总把自己看做珍宝，而不把别人放在眼里，那么这样的人会遭人嫉妒或者泼冷水，最终造成对自己不利的局面。

因此，无论取得多么辉煌的成绩，那都已经是昨日黄花，都已经成为了历史。我们应该在欢庆胜利的同时，尽快把目光转移到下一个目标，思考自己的下一步应该怎么走？千万不可沾沾自喜，不要以为自己有多么的了不起，要知道山外有山，人人外有人，你并不是最牛的那一个。

人生箴言：淡然面对自己的成功，不要把一时的成功当做永久的丰

碑。一时的成功说明不了什么，人生的路很长，也许下一刻我们就会被打倒，也许下一刻就会遇上解决不了的难题。因此切忌：平时做人要低调些，再低调些！

收敛起你的张扬态度

古语云：“藏巧于拙，用晦而明，寓清于浊，以屈为伸。”因此，在中国传统文化里，自古就提倡财不外露，美不张扬；在传统审美观上也是追求水中望月，雾里看花。这体现在生活中正是懂得“收敛”的从容态度。

“收敛”，是一种人生态度，是对自己的一种约束，是安身立命、明哲保身的法宝，是一种对社会、对别人的尊重，也是对社会现实、人生状态的一种顿悟。懂得“收敛”张扬的人，才会“胜不骄、败不馁”；懂得“收敛”张扬的人，才会赢得社会和别人的尊重。

一只乌龟和两只大雁生活在一个池塘里，它们成了要好的朋友。秋天快到了，水塘里的水越来越少，大雁要飞回南方，但是三个朋友舍不得分开，大雁就对乌龟说：“要是你也能飞多好啊，我们就可以一直在一起了。”乌龟灵机一动，回答道：“你们两个衔住一根树枝的两端，然后我用嘴咬住树枝，这样我就可以和你们一起飞行了。”

就用这样的方法，大雁把乌龟带上了天空，向南方飞去。大雁和乌龟经过沙漠和田野，飞过一座村庄的时候，那些村民说：“多聪明的大雁啊!”地上的动物们也都羡慕得拍手叫绝。

乌龟听到这样的话，心里十分委屈，但是想到大雁是它的好朋友，就没作辩解。

它们就这样飞着，又过了一个村庄，还是得到一片赞美声，这时候有人问道："是谁这么聪明?"

乌龟再也忍不住了，生怕错过表现自己的机会，于是张口想说："这是我想出来的主意。"结果，它刚开口，就掉在地上摔死了。

因为不懂得低调，急切地想表现自己的乌龟就这样摔得粉身碎骨。可见，人在受到赞美而得意时，切不可张扬跋扈，在风口浪尖上极尽地表现自己，一定要表现得沉着淡定，否则下场是会很惨的。

做人，一定要谦虚低调。比较张扬的人通常都会遭人妒忌，更可能丢失性命。懂得收敛不是故作姿态的镇定，不是矫情刻意的低调；而是处惊不变、临危不乱的淡定自如，是在挫折屈辱中从容对待、在青山绿水间信然踱步，在谦虚和避让中海阔天空。

很久以前，一个农夫在芦苇地的旁边开垦了一片农田。在芦苇中常常会出现野兽，农夫总是担心野兽出没会损坏自己辛苦种下的庄稼，于是就经常在芦苇地与田地之间拿着弓箭来回巡视。

有一天，农夫像往常一样在田地周围看护庄稼。到了黄昏时分，农夫看没有任何异常，于是就坐在芦苇地边休息。不一会儿，农夫发现芦苇花纷纷扬起，在空中飘来飘去。他感到十分疑惑："奇怪，现在并没有起风，为什么芦苇花会飞起来呢？难道有野兽在芦苇地?"想到这，农夫立刻提高了警觉，悄悄站起身向芦苇丛中张望，仔细观察了一会儿，农夫终于发现在不远处有一只老虎正在蹦蹦跳跳的，时而摇摇脑袋，时而晃晃尾巴，看上去非常高兴。

这只老虎为什么这样高兴呢？农夫想了想，认为它一定是捕捉到了什么猎物。只见老虎得意忘形，完全忘记了周围存在的危险，不时地从芦苇丛中跳起来，使自己的身体暴露在农夫的视线里。

农夫悄悄靠近，用弓箭瞄准了老虎现身的地方，当老虎再一次跃起的时候，农夫抓住这一刻将箭射了出去，老虎立刻发出一声凄厉的叫声，扑

倒在了芦苇丛里。农夫走近一看，只见老虎胸前插着箭，身旁躺着一只死獐子。

人生得意之时，总是难免兴高采烈，头脑发热，将自己的得意暴露无遗、公之于众的大有人在。更有人在得意之时难以容忍他人对自己泼冷水，总是觉得，自己身居高位，或者身价千万，别人怎么可以不尊重自己呢?

但是，做人的最佳姿态并非如此，刻意要求别人去接纳自己、赞赏自己、钦佩自己，是不可能真正得到他人的肯定的。但凡能在官场、商场稳固立足的人必能懂得在得意之时把握一种看似平淡而实则高深的低调处事谋略，不求争先、不露真相，才更能让自己明明白白过一生。低调面对得意，是对待得意的最佳姿态。

人生箴言：做人不能太张狂，张狂就是忘乎所以，张狂就是目中无人，张狂就是自以为是。不管高官还是大款，不管成功还是富有，不管得势还是受宠。总之，要时刻记住水满则溢的道理，收敛起你张狂的态度，用低调、淡定的心境漫步人生路，才能从容地走好每一步，才会感受到春风拂面的怡然自得，尽享轻松的每时每刻!

心急吃不了热豆腐

做事戒急躁，人一急躁则必然心浮，心浮就无法深入到事物的内部中去仔细研究和探讨事物发展的规律，无法认清事情的本质。心浮气躁，办事不稳，差错自然会多。

古代有个叫养由基的人精于射箭，且有百步穿杨的本领。相传连动物都知晓他的本领。一次，两只猴子抱着柱子，爬上爬下，玩得很开心。楚王张弓搭箭要去射它们，猴子毫不害怕，仍旧蹦跳自如，还对人做鬼脸。这时，养由基走过来，接过了楚王的弓箭，猴子见状，立刻哭叫着抱在一块，害怕得发起抖来。

有个人羡慕养由基的射术，决心要拜他为师，经几次三番的请求，养由基终于同意了。收为徒弟后，养由基交给他一根细针，要他放在离眼睛几尺远的地方，整天盯着针眼看。看了两三天，这个学生有点疑惑，问到："我是来学射箭的，老师为什么要我干这莫名其妙的事，什么时候教我学射术呀?"养由基说："这就是在学射术，你继续看吧。"于是这个学生继续看。过了几天，他便有些烦了，心想：我是来学射术的，看针眼能出神射吗？这个徒弟不相信这些。无奈，养由基只好教他练臂力的办法，让他一天到晚在掌上平端两块石头。坚持了几天，那个徒弟又想不通了，他想，我只学他的射术，他让我端这石头做什么？于是不愿意干了，养由基看他如此，就由他去了。这个人后来又去了很多地方，但最终也没有学到射术。

跟养由基学射箭的那个人，如果他能脚踏实地，不好高骛远，从一点

一滴做起，他的射术也许就会精湛起来。

急躁是一种病态的心理，它主要表现在焦躁不安，它是情绪上表现出的一种急躁心态。急躁的人往往都会心神不宁，面对急剧变化的社会，不知所措，心头无底，慌得很，对前途无信心。因此一种急功近利的想法就会在心里产生。在与他人的攀比之中，更显出一种焦虑的心情。由于焦躁不安，心神不宁，情绪取代理智，使得行动具有盲目性，行动之前缺乏思考，只要能达到目的，违法乱纪的事情都会去做。这种病态心理也是导致违纪犯罪事件增多的一个主观原因。轻浮、急躁，对什么事都深入不下去，只知其一，不究其二，往往会给工作、事业带来损失。因此，克服急躁的心理是应该当机立断的。

韩佳荔最近十分苦恼，因为总是得罪人。而得罪人的原因是她做事过于心急，稍微有些不合意就急躁起来，弄得她现在独来独往，心里很不是滋味。

韩佳荔成绩很好，有时给同学讲题，一两遍还不明白，她就烦了："怎么还不明白呢？不就是这样，这样吗？"结果惹得同学很不好受，再也不问她了。她也挺后悔，知道自己不该这样，但一着急就控制不住了。

她做事也如此。骑车有时急匆匆的，下车就走，好几次都忘了上锁，已经丢了两辆车。跟同学讨论问题出不了结果，又发怒了："算了，我不跟你吵，急死人了！"跟朋友一起出门，如果朋友有点事耽误了，她就不耐烦等："快点，这么磨蹭，麻烦死了。"就这样，朋友们一个个都离她而去，尽管她很热心，但谁也不愿请她帮忙。

要想办好事绝不能着急、由着自己的性子来。要先查明事情的原因，这样才能稳操胜券。但有些人却不明白，一遇到事情，就恨不得立即弄个水落石出，一针扎出血来。其实这不仅办不成事，还会把事情弄得一团糟。聪明人办事，一定是善于观察、巧于布阵、精于摸底，然后在时机成熟时，才收网，把想抓的鱼拉上来。《孙子兵法》中讲求稳之计，即在此道。

我们也许会常常发生这样的事情：出门时，手中拿着钥匙，却急着找钥匙；急着给人写纸条，笔就拿在手上，却睁大眼睛到处找笔；有时候要急着去赴约，却到处找不到心爱的领带。也有的时候，要找的东西翻箱倒柜找遍了都没找到，过了几天却在最显现的地方发现了。这都是由急切慌乱而造成的。

人如果一着急，就会手忙脚乱，眼花缭乱，明明在眼皮底下的东西都会看不见。由此可以看出：无论做什么事，都要保持冷静，从容镇定，不要急急忙忙，心慌意乱。要知道“心急吃不了热豆腐”，急切慌乱不但解决不了问题，还会拖延时间，于事无补。虽然这些事在一定程度上决定于一个人的性格，但也反映了一个人的涵养。因此，在这方面也要多多锻炼。

人生箴言：心急吃不了热豆腐，过于急躁往往是欲速而不达，最后把事情弄得一团糟。为人处世切忌心浮气躁，凡事都要有耐心，用一颗平常心去面对，要知道踏实处事才是做人的成功之道。

执著未必是好事

执著是寻求解脱的禁忌，古来如此。难怪六祖慧能能在《坛经》上说——“善知识，内外不住，去来自由，能除执心，通达无碍，能修此行，与般若经本无差别。”

执著或许在某些时候能够产生积极的效应，然而在大多数情况下执著未必是件好事。

开元中，有沙门道一住传法院，常日坐禅，师知是法器，往问曰：

“大德坐禅图什么?”

一曰:“图作佛。”师乃取一砖于彼庵前石上磨。

一曰:“师作什么?”

师曰:“磨作镜。”

一曰:“磨砖岂得成镜邪?”

师曰:“坐禅岂得作佛邪?”

后人常以“磨砖成镜”,来比喻那些执著于无望事情的愚蠢行为。在寒山禅师的这首偈中的前四句连用“蒸砂做饭”、“临渴掘井”两个禅宗话头和“磨砖成镜”这一著名的禅门公案,都指出参禅若寻不得正确途径,即便是有执著精神,也必然是南辕北辙、一事无成。

神赞和尚原来在福州大中寺学习,后来外出参访的时候遇见百丈禅师而开悟,随后又回到了原来的寺院。他的老师问:“你出去这段时间,取得什么成就没有?”神赞说:“没有”,还是照着以前的样子服侍师父,作些杂役。

有一次老师洗澡,神赞给他搓背的时候说:“大好的一座佛殿,可惜其中的佛像不够神圣。”见到老师回头看他,神赞又说:“虽然佛像不神圣,可是却能够放光!”

又有一天老师正在看佛经,有一只苍蝇一个劲儿地向纸窗上撞,试图从那里飞出去。神赞看到这一幕,禁不住做偈一首:“空门不肯出,投窗也太痴,百年钻故纸,何日出头时?”

他的老师放下手中佛经问到:“你外出参学期间到底遇到了什么高人,为什么你访学前后的见解差别如此之大?”神赞只好承认:“承蒙百丈和尚指点有所领悟,现在我回来是要报答老师您的恩情。”

神赞见到老师为书籍文字所困,不好意思直接点明,只好借助苍蝇的困境来指出老师的不足。文字语言都是一时一地的工具,事过境迁再执著于文字,就如同那只迷惑的苍蝇一样总是碰壁啦。

倘若一个人能够放下心中的那份执著、破除心理的固执念头，人生将会少许多烦恼、多些成功。相反，如果我们过于执著于那些本不该执著的事情，我们将会迷失更多的人生。

有一种鱼，长得很漂亮，银肤燕尾大眼睛，平时生活在深海中，春夏之交溯流产卵，顺着海潮漂游到浅海。渔民捕捉它的方法挺简单：用一个孔目粗疏的竹帘，下端系上铁，放入水中，由两只小艇拖着，拦截鱼群。这种鱼的“个性”很强，不爱转弯，即使闯入罗网之中也不会停止。所以一只只“前赴后继”地陷入竹帘孔中，帘孔随之紧缩。竹帘缩得愈紧，它们愈激怒，更加拼命往前冲，结果都被牢牢卡死，最终被渔民所捕获。

我们又何尝不是如此，我们总喜欢给自己加上负荷，轻易不肯放下，自诩为“执著”，我们执著于名与利，执著于一份痛苦的爱，执著于幻想的美梦，执著于空想的追求。数年光阴逝去之后，我们才枉自嗟叹于人生的无为与空虚。我们常常自我勉励：“我想当科学家”，“我一定要得到诺贝尔文学奖”……可是很多时候，这些理想与追求反而成为了我们的一种负担，好像冥冥之中有人举着鞭子驱逐着我们去追求一些我们可能永远也追求不上的东西。

人生箴言：执著对某些人、某些事来说或许是种可贵的精神，但是对其他的人或事来说就未必是好事了。执著于一件不适合自己的事，执著于一件对自己有害的事，与其浪费时间，没有结果，还不如选择以淡定的姿态，果断地放下。当你放下那些宏大而美丽的理想，选择实际有利的目标时，或许成功就在前方不远处。

放低姿态是一种大智慧

生活中经常出现我们意料不到的事，往往是当时我们并不介意，过了好久才会咂磨出一些绵远悠长的味儿来，并让我们打个激灵。

两年前，好友尹白雪在一家公司打工，老板是位广东人，对下属非常严厉，从不给一个笑脸，但他是个说一不二的人，该给你多少工资、奖金，绝对不会少你一个子儿，尹白雪他们都拼命工作。

公司有个规定，不准相互打听谁得多少奖金，否则“请你走好”。虽然很不习惯，开始工人们还是一直遵守着，努力克制着从小就养成的好奇心和窥私癖。有一个月，大家都发现自己的奖金少了一大截，开始不敢说，但情绪总会流露出来，渐渐地大家都心照不宣了。那天中午，吃工作餐时，大家见老板不在公司，就有人摔盆碰碗地发脾气，很快得到众人响应，一时怨声盈室。

有一位来公司不久的下岗妇女，一直安安静静地吃饭，与热热闹闹的抱怨太不相称，她引起了大家的注意。

工人们问她，难道你没有发现你的奖金被老板无端扣掉一截？她有些吃惊地回答：“没有啊!”工人们比她更吃惊了，整个饭厅一下子安静下来，每个人都一脸疑惑，每个人都在心里揣摩，人人都被扣了，为何她得以逃脱？莫非她与老板有那种瓜葛？她这把年纪，至少有三十几了吧，且瘦得一把骨头一张皮的，哪个男人会对这种肉干一样的女人感兴趣？那么是什么原因使她独享优惠政策？后来才知道她是被扣得最多的一个。不久她被提升了，其他人又嫉妒又羡慕，她的工资会高出一大截来，还有奖

金。

很久以后，她向工人们描述当时自己的心情，她的确没有装，她是这样想的，这个月我一定做得不好，所以只配拿这份较少的奖金，下个月一定努力。为何别的人没有这样的想法呢？她是这样分析的，那时她工作了近20年的工厂亏损得已很厉害，常常发不出工资，开工不足，工人们都在等待(那时还没有下岗的说法)，她等不下去了，因为家庭负担太重，上有生病的老人，下有读书的孩子，还有因车祸落下残疾的丈夫，于是她就出来打工了，收入比起她以前的工资要高出百十元钱，这让她喜出望外，非常珍惜这份工作，甚至有一种感激的心情。

后来，尹白雪离开了那家公司，跳了几次槽，至今都没有跳到一个满意的地方。去年10月，在一次商务茶会上尹白雪又碰到了位妇女。她认出了尹白雪，而尹白雪已认不出她来，不仅是因为她胖了些，白了些，那身合体的高级职业装和与脸型非常相称的发型，精致的妆容把她烘托得典雅且老道，那神态有一种阅尽人世变迁的沉稳与平易，让人一见就会产生与她打交道做生意是可靠的、有保障的感觉，此时，她已做到了经理助理的位置，公司的二老板，是标准的白领丽人。谁能想到四年前，她不过是个战战兢兢的下岗女工，且人到中年。看她很熟练且极有分寸地与人周旋，尹白雪内心的感慨是无法用语言来描述的。

由于我们年轻，拥有很多优势，所以我们总是觉得应该得到更多更好的东西。对生活，我们从不习惯放低姿态，面对眼前五光十色、流金淌银的社会，我们认为索取是最重要的。于是，我们越是不满足，越是得不到想要得到的林林总总。

其实，海纳百川，成汪洋之势，是因为它位置最低。人生活在社会上，总能寻找到一个属于自己的位置。你现在站得低并不代表没有乘着热汽球跨跃式升高的可能。地位低不是尊严低，只要肯以虚心的姿态实践着自己的梦想，珍惜着到来的机会，那么生活也会以满腔热忱回报给你美好的。

人生箴言：做人必须放低姿态，纵然可以豪气万千，不能不可一世；纵然有超人的才干，不能目中无人。放低姿态也就要求我们对人对事都要淡定，不能把别人看得很低，却把自己看得很高。放低姿态，我们就会睁大双眼满怀好奇地去学习许多知识，探索新的的领域；放低姿态，我们就不会太过自满，以至不愿意进一步去面对新的挑战。总之，放低姿态是淡定人生的大智慧。

第五章
删除昨天的烦恼，成全明天的美好

生活就是删除昨天的烦恼，复制今天的快乐，成全明天的美好。生活中有很多小事，有人说“这些小事总烦扰着我”，其实，不是小事烦扰你，而是因为你的心还不够淡定，正所谓“心静自然凉”，只要拥有了一颗淡定之心，那你什么烦恼就都不会有了。

面对“唾沫星子”要冷静些

在20世纪60年代的美国，有一位很有才华、曾经做过大学校长的人，出马竞选美国中西部某州的议会议员。此人资历很高，又精明能干、博学多识，唯一的不足就是遇到不好的事情总是爱生气、发火，不过总体看起来他还是很有希望赢得选举的胜利的。

但是，糟糕的事情还是发生了。在选举的中期，有一个很小的谣言散布开来：三四年前，在该州首府举行的一次教育大会中，他跟一位年轻女教师“有那么一点儿暧昧的行为”。

这实在是一个弥天大谎，这位候选人对此感到非常愤怒，并尽力想要为自己辩解。由于按捺不住对这一恶毒谣言的怒火，在以后的每一次集会上，他都要站起来极力澄清事实，证明自己的清白。

其实，大部分的选民根本没有听到过这件事，但是，现在人们却越来越相信有那么一回事，真是越抹越黑。公众们振振有词地反问：“如果他真是无辜的，为什么要百般为自己狡辩呢?”这位候选人听到以后，更加的气愤，情绪变得异常糟糕，也更加气急败坏、声嘶力竭地在各种场合下为自己洗刷，谴责谣言的传播。然而，这却更使人们相信谣言的真实性。

最悲哀的是，连他的太太也开始转而相信谣言，夫妻之间的亲密关系被破坏殆尽。

最后他竞选失败了，从此一蹶不振。

俗话说得好：“唾沫星子淹死人。”有人的地方就有流言蜚语，面对流言蜚语，有的人冷静面对，有的人苦恼、难过，甚至为此付出生命。我

们喜爱的一代影后阮玲玉在1935年3月8日迫于人们舆论和流言蜚语的压力，最终结束了自己年仅25岁的生命。含恨时留下“人言可畏”的遗言，以此印证了“唾沫星子淹死人”的俗语。

小丽刚进单位时，任职行政助理。虽然她只有中专学历，但她做事特别努力，深得大家的喜爱。

市场部经理张先生是一个重实绩而轻学历的人。没过多久，他就发现小丽身上有一股闯劲。他大胆地将小丽调到销售部门，并独立主持一个区域的工作。由于工作的缘故，他们经常一起出差，一起吃饭，一起探讨工作。可能因为在一起的时间太多，渐渐地，办公室就传出了他们关系暧昧的流言。

起初小丽对此一无所知。但她觉得周围人的目光越来越怪异，有一次，一位年长的同事意味深长地对她说：“请不要锋芒太露！”不得已，小丽去找要好的同事晓梅，想问个明白。

晓梅到现在还后悔，不该将听到的流言告诉小丽。她记得小丽听完她的话，吃惊得张大了嘴，半天说不出话来。小丽是一个很要强的人，她不能容忍无凭无据的流言再继续下去。第二天，小丽就找了办公室里那个最爱传播小道消息的“小广播”，警告她不要随便乱说话。而对方也毫不示弱，结果，双方不欢而散。

有了这档子事以后，小丽在工作中常常分心。她有意和张经理疏远，但流言还是愈传愈烈。万般无奈，小丽提出了换一个部门的申请。结果，她被换到了公司的售后服务部。可能是因为售后服务部所需要的耐心细致和小丽的性格相去甚远，刚调到新岗位不久，她就与客户发生了争执。原本这只是一个工作中的失误，但是，新的流言马上又传开了。有人说：“小丽以前在销售部的业绩都不是自己做出来的，而是张经理帮的忙。小丽根本就不能胜任销售部的工作！”

最后，这样的流言竟影响到了售后服务部经理，他做出了让小丽停职

的决定。

这一下，小丽不得不来到“头儿”的办公室，进行“恳谈”。但经理态度坚决，希望她作一次深刻反省。小丽有口难辩，而又急火攻心。此后，她不管遇见谁，都要为自己辩解一番，想通过解释，还自己一个清白。可是，谁也帮不了她。

她的情绪日渐低落，最后走到了辞职这一步。

在我们现实生活中，其实常常会出现许多“流言蜚语”，有些是无心之过，传来传去就变了“味道”，也有些是蓄意中伤，为了达到某些目的而主动散播。不管什么目的，切忌在流言面前大吵大闹，吵闹不仅于事无补，反倒给别人留一个遇事急躁的坏印象。在流言面前保持微笑、冷静对待，要比捶胸顿足、泪如雨下好得多。

人生箴言：现在这个社会，人们的嫉妒心越来越强烈，你稍微比他强点儿，他就煽风点火，给你制造点儿小麻烦，散播一些你的谣言等。所以，这个社会到处都充斥着流言蜚语。对此，我们只能让自己学会平复自己的情绪，理智对待它，把它看淡些、看轻些，做生活的强者，人生的智者！

及时从负面情绪中抽身

在生活中，总听到人们说要放下贪念、放下烦恼、放下名利等，这些都是生活中的常见现象，除了这些，还有一种，那就是悲伤。悲伤也是可以放下的。

生活像一只装满水的瓶子，而心情就是杯中的水，随便晃动都可以溢出来。当你悲伤的时候，这些水就会带着苦涩的味道从你的泪腺涌出，而你则像只气球，好不容易一点一点积蓄的快乐，总会因为一件悲伤的事轻易破裂，努力找寻来的快乐，也会被悲伤赶走。所以，我们要放下悲伤这种情绪，别总把悲伤的事情放在心上！放下悲伤，给心灵洗个澡，然后在心底埋下一粒“快乐”的种子，从此扎根、发芽，永驻心底！

一位母亲亡故后，孩子们都担心他们的父亲熬不过一年半载的时光也会随她而去，毕竟他是86岁的人了。

出人意料的是，如今母亲去世3年了，父亲仍活得硬朗而昂扬。让人觉得，他好像是为了某个信念而活着。

为了战胜悲伤，老人把老伴的相片摆在床头，像生前一样朝夕相处。天亮了，老人睁开眼睛，第一束阳光就投到老伴的遗像上。他唤着妻子的小名，喃喃道：“春，我醒了，睡了一个好觉，看来今天又能对付过去了。你在那边还好吗？”

晚上就寝前，他又说：“春，我要睡觉了，也许会在梦中见到你呢。”

老人家衰弱的生命活得激昂而执著，他向孩子们透露了一个秘密。

老人家说，妻子在弥留之际，嘴唇翕动，却发不出声来。她在老人的手心画了个“活”字。

老人明白了，混浊的老泪滴落在妻子的手背上，他攥紧妻子的手，大声地说：“你放心，我会好好活下去的。”这句话，当时老人说了三遍，于是，老伴含笑去了。

人固有一死，留下的人一味悲伤只会让自己处于孤独中。暂时的悲伤情绪可以发泄失去亲人的痛，可是长久的悲伤会给自己的心理蒙上一层阴影，这个老人牢记老伴的嘱托，他让自己努力放下悲伤，即使年迈，可是活得很顽强。

那么当悲伤、愤怒等情绪来临时，我们该怎么办，才能不让这种负面

情绪过多地影响自己呢？这时，我们就要尽力转移自己的注意力，使自己避免在这种负面情绪下过多地停留。下面就是一个很好的转移注意力的事例。

古时候的人们都利用脚力极佳的骡子来驮运笨重的货物。骡子的体力虽然很好，但也有着要命的缺点，就是传说中骡子的脾气。

一头骡子若是扭了性子，它的四只脚便会像上了钉子一样，固定在地面，一动也不动；无论主人怎样使劲鞭打，骡子还是坚持它固执的脾气，一步也不肯向前走。

这天，一位老和尚和小徒弟就遇到了这样的情况。

小和尚面对着不肯迈步的骡子，高高举起了鞭子。

老和尚赶忙制止了他："慢着!每当骡子闹脾气时，有经验的主人不会拿鞭子打它，那样只会让情况更加严重。"

小和尚忙问："那该怎么办呢?。

老和尚说："我们可以运用智慧。"说完，老和尚很快地从地上抓起一把泥土，塞进骡子的嘴巴里。

小和尚好奇地问："骡子吃了泥土，就会乖乖地继续往前走了?"

老和尚摇头道："不是这样的，骡子会很快地把满嘴的泥沙吐个干净；然后，在主人的驱赶下，才会往前走。"

这一招还真灵，骡子果然开始往前走了。

小和尚诧异地说："怎么会这样?"

老和尚微笑着解释道："道理很简单，骡子忙着处理口中的泥土，便会忘了自己刚刚生气的原因。这种塞泥土的做法只不过是转移它的注意力罢了。这个方法用在骡子身上有效，同样也适用于人发脾气的时候……"

在悲伤、愤怒等一些负面情绪来临之际，有意地躲开"地雷"，有意识地撤火，暂时避开不良刺激，尽量使自己平静下来，保持淡定，然后把注意力、精力和兴趣投入到自己的爱好中去，例如各种文体活动、与亲朋好友倾谈、阅读研究、琴棋书画等，转移自己的注意力，尽量避免不良情

绪的强烈撞击，减少心理创伤，也有利于情绪的及时稳定。这在现实中是一个非常不错的方法。

人生箴言：人都难免会遇上个伤心事或气愤难耐的事，从而产生一些悲伤或愤怒的情绪。这些情绪不可怕，关键是在产生这些情绪时，能保持淡定，及时地抽身，不在这些负面情绪上逗留，这才是最主要的。

烦扰自在“心”为

有的人，尚未起床，就开始为这一天发愁；有的人，刚干些事，就想着尽快结束这一天；有的人，时未过午，就已经坠入夜幕之中；有的人，三更已过，还为这恼人的一天辗转……在这些人那里，日子是敌人，日子是泥坑，日子是愁山，日子是恨谷……

《坛经》上说：“善知识，心中众生，所谓邪迷心、诳妄心、不善心、嫉妒心、恶毒心，如是等心，尽是众生。各须自性自度，是名真度。”它指出，若想摆脱生活中的那些困惑，必须要做到“淡定”，将一切烦恼、困惑看淡，那天天都将是好日子。

七百多年前，一位名闻四方的女尼却讲了这样一件事情：在一个月朗气清的圆月之夜，云门文偃禅师对众僧说：“十五以前的事情莫问，十五以后的事情，大家可说一句试试看。”

不等别人开言，文偃禅师便满怀深情地说：“日日是好日。”女尼讲到这里，深为感动，于是她深有感触地说：“天天都是好日子，这句话把佛法和世间法都说尽了。没有必要去刻意地寻求幽邃玄奥的意义，只管每

天吃饱两顿饭就行了。”

有了淡定的态度，天天都是好日子。它是一种积极的人生态度，是一种开朗的生活方式，是一种健康的人格心理。有了这种心态，还有什么不能忍耐？

要知道，小的争吵会引起诉讼，大的争吵则会引起战争。而持有好的心情，则就不会引起争吵和战争。

“狂犬吠影”这个成语出自《说法经》中的一则“吠犬投井”的寓言：

有那么一只狗，在井边汪汪地叫。它一低头，看到井里也有一只狗汪汪地叫，瞪着好大的眼睛，全身的毛都耸立起来，一副怒不可遏的样子。

井边的狗以为井里的狗是要和它打架，不禁大怒，便狂吠着向井里的狗影子扑去，最后自己葬身在水井里。

寓言的旨意在于宣扬忍小而避免失大的道理。由于人们对一些小事的不满或生气，而无端造成一些大的损失或后果。井边之狗不知控制自己的情绪，因对水中之影这样的小事产生怨恨之心，因此丧身井底也就是必然结果了。

人生箴言：淡定是理性的成熟，也是最具体的满足；它是积极的乐天知命，而非消极的听天由命；它是入世的适情致性，而非出世的斩情灭性。淡定是对人性的透彻了解，是对世情的深刻领悟。世事虽繁华，但却包含了许多琐碎的小事，以淡定的心态看开、看透这些事，还有什么可以令我们烦扰的呢？

盛怒之下不决定

每个人都有生气的时候，生气时往往会做出失去理智的选择。在这些选择中，很少有人能够控制住自己的行为和思想。而在选择的行为中，有85%都是错误的，剩下的15%虽然正确，但是却有10%是靠运气的。由此看来，人在生气时千万别轻易做出决定，这时应该平心静气，冷静下来，极力做到淡定。过后回过头来看这件事情时，一定不会后悔“无为”的表现，反而会为当时淡定的心态而高兴、骄傲。

一对新婚夫妇生活贫困，一天，丈夫对妻子说：“亲爱的，我要去很远的地方工作，直到我有条件给你一种舒适体面的生活才会回来。我只求你一件事，我不在的时候要对我忠诚，我也会对你忠诚的。”简单地收拾行李后，丈夫就走了。

很多天之后，他被一个庄园录用了。他要老板答应他一个请求：“请允许我在这里想干多久就干多久，当我觉得应该离开时，您要放我走。我离开那天，您再把我赚的钱给我。”双方达成了协议。

年轻人在那里整整工作了20年，中间没有休假。

一天，他对老板说：“我要回家了。”

老板说：“我会照协议办事的。不过我有一个建议，要么我给你钱，要么我给你一条忠告，你好好想想再给我答复。”

他想了两天，然后找到老板，说：“我想要那一条忠告。”

老板提醒他说：“如果给了你忠告，我就不会给你钱了。”

他还是说：“我想要忠告。”

老板对他说：“永远不要在仇恨和痛苦的时候做决定，否则你以后一定会后悔。”老板接着说：“这里有3个面包，两个给你路上吃，另一个等你回家后和妻子一起吃吧。”

在远离自己深爱的妻子和家乡20年之后，男人踏上了回家的路。

终于在一天的黄昏时分，他远远地望见了自己的小屋，屋子的烟囱正冒着炊烟，还依稀可见妻子的身影，虽然天色昏暗，但他仍然看清了妻子不是一个人，还有一个男子伏在她的膝头，她抚摸着他的头发。看到这一幕，他的内心充满了仇恨和痛苦，他想跑过去杀了他们，他深吸一口气，快步走了过去，这时他想起了那条忠告，于是停了下来。

天亮后，已恢复冷静的他对自己说：“我不能杀死我的妻子，我要回到老板那里，求他收留我，在这之前，我想告诉我的妻子我始终忠于她。”

他走到家门口敲了敲门，妻子打开门，认出了他，扑到他怀里紧紧地抱住了他。他想把妻子推开，但没有做到。他眼含泪水，对妻子说：“我对你是忠诚的，可你背叛了我…”妻子吃惊地说：“什么？我从未背叛过你，我等了你20年。”他说：“那么昨天下午那个男人是谁？”

妻子说：“那是咱们的儿子。你走时我刚孕，今年他刚好20岁。”

丈夫走进家门，拥抱了自己的儿子。在妻子忙做着晚饭的时候，他给儿子讲述了自己的经历。接着，一家人坐下来一起吃面包，他把老板送的面包掰开，发现里面有一笔钱——那是他20年辛苦劳动赚来的工钱。

如果那个男人没有克制自己的情绪，保持淡定的心态的话，那么后果可想而知，他会后悔和自责一辈子。因此，人要像那个老板给出的忠告一样，千万不要在仇恨或盛怒之下做决定，否则将是终生的遗憾。

一名初探歌坛的歌手，他满怀信心地把自制的录音带寄给某位知名制作人。然后，他就日夜守候在电话机旁等候回音。

第一天，他因为满怀期望，所以情绪极好，逢人就大谈抱负。第17

天，他因为情况不明，所以情绪起伏，胡乱骂人。第37天，他因为前程未卜，所情绪低落，闷不吭声。第57天，他因为期望落空，所以情绪坏透，拿起电话就骂人。没想到电话正是那位知名制作人打来的。他为此而毁了期望，自断了前程。

我们在为这名歌手深深惋惜的同时，也更深刻地明白了生气带给人的危害。

人生箴言：有首歌这样唱到：人生就像一场戏，相扶到老不容易。因为有缘才相聚，是否更该去珍惜。为了小事发脾气，回头想想又何必。别人生气我不气，气出病来无人替。我若气死谁如意，况且伤神又费力。邻居亲朋不要比，儿孙琐事由他去。吃苦享乐在一起，神仙羡慕好伴侣。生气不利于他人，更有损于自己，何不保持一颗淡定的心，在冷静中享受生活的美好和幸福呢？

制怒的良方

怒气是一种具有破坏性的情绪，也是一种最无力的情绪，生气的人只是为了发泄自己，实际上，怒气丝毫无助于解决问题，甚至还会恶化事态的结果。

法国西南的小城塔布里，有一名警察叫阿兰·马尔蒂，他的脾气非常暴躁。一天晚上，他穿着便装来到市中心的一家烟草店门前，正准备到店里买烟。这时店门外一个叫埃里克的流浪汉叫住了他，并向他讨烟抽。马尔蒂说他正要去买，以这个理由拒绝了埃里克。他以为埃里克会就此离

开，但埃里克没有，反而认为马尔蒂买了烟后会给他一支，因此一直守在店门口。

当马尔蒂出来时，喝了不少酒的流浪汉埃里克便缠着他要烟抽。马尔蒂不给，因为他讨厌这个流浪汉，于是两人发生了口角。随着互相谩骂和嘲讽的升级，两人情绪逐渐激动。

马尔蒂掏出了警官证和手铐，说："如果你不放老实点儿，我就给你一些颜色看。"

埃里克反唇相讥："你这个混蛋警察，看你能把我怎么样?"

在言语的刺激下，二人扭打成一团。旁边的人赶紧将两人分开，劝他们不要为一支香烟而发那么大火。

被劝开后的流浪汉骂骂咧咧地向附近一条小路走去，他边走边喊："臭警察，有本事你来抓我呀!"失去理智、愤怒不已的马尔蒂拔出枪，冲过去，朝埃里克连开四枪，埃里克倒在了血泊中……

法庭以"故意杀人罪"对马尔蒂做出判决，他将服刑30年。

一个人死了，一个人坐了牢，起因是一支香烟，罪魁祸首是失控的激动情绪。

这就是愤怒的代价，虽然这样的事并不多见，但是愤怒的情绪的确影响着人的行为，既伤害他人也伤害自己。所以，在日常生活中，我们应该极力反思自己，尽量使自己的情绪平稳化，做到淡定些，再淡定些。

李涛脾气很差，每次遇到不如意的事，他总是会暴跳如雷。因为这个原因，李涛和周围人关系越来越僵，误会也就时常发生了，这致使别人都不愿意和李涛交往。

李涛的父母曾也多次批评过他，单位领导也找他谈过话，可李涛总认为自己的人际关系紧张的原因都是因为他人的言谈行为不对而引起的。后来，他从书、电视和报纸上看到"发怒伤身"的信息后，于是下决心从自身做起改正自己的缺点。

为了避免由于别人原因而引起自己发脾气，提高自己的修养，李涛利用休息期间一个人跑到山里，在人烟稀少的深山租了一间茅屋，自己种菜，读书，烧火做饭，天天在那儿磨脾气，修身养性。

一天，李涛拿着一个陶罐到小溪刚打满一罐水往回走，谁知刚走几步，脚下被一个小石子绊了一下，他身子一歪斜，一罐水洒得只剩个罐底了。于是李涛只好又返回溪边将水装满。但这次走到半路，一个不小心，又把罐里的水洒了一地。在他第三次提回水的路上，相同的事情再次发生，李涛的脾气上来，一下子将陶罐摔在山道上。“砰”地一声响震醒了正在发怒的李涛。他望着满地的碎陶罐片，自言自语地说：“我以前总以为发脾气都是由别人引起来的，可是，现在就只有我自己一个人，我还是发了这么大的脾气，可见这怒气是从自己心中生出来的。”

不知什么时候，来到李涛身后的一位道人开导他说：“先生，你能这样想就对了，为了不值得的小事而大发雷霆，既伤害自己也伤害别人。就像这打碎的陶罐一样，永远也无法恢复成原来的样子，即使是再高的粘接手艺，其外表也会留下疤痕。你想想，一个人在发脾气时说的那些气话也会在别人心灵上留下疤痕，不管你说多少次对不起，那疤痕都将永远存在”。

“谢谢老人家的指教!”李涛向道人深深地鞠了一躬。

一个人愤怒的时候是心理防线最脆弱的时候，此时，一点儿风吹草动就能让他失去判断的能力而全线崩溃。因此，如果你想做出一番事业，首先就要学会制怒，遇事先冷静地思考，千万不要冲动，以免产生不好的后果。

人生箴言：愤怒在被激起后，要想抑制并不是太容易。因为在抑制过程中，能量会消耗殆尽，心理也会严重受挫。要解决这个问题，最好的办法就是不被激怒，时刻保持淡定和宽容。

人生苦短，别太计较了

人们常说："水至清则无鱼，人至察则无徒，凡事不能太认真。"一件事情是否该认真，要看环境和场合来定。

荷马·克鲁伊是个作家，以前他写作的时候，灵感经常被打断，因为常常被公寓下水道的响声吵得脑大头圆。他说："后来，偶尔的一次，我和几个朋友一起去露营，当我听到木柴烧得很响时，突然想到，好熟悉啊，多像家里下水道的响声啊！我为什么会喜欢这种声音，而讨厌家里的那种声音呢？回到家以后，我就试着对自己说，下水道的声音就像木柴燃烧的声音一样好听，然后我就埋头大睡。刚开始那几天，我还会留意热水管的声音，可是不久我就把它们全忘记了。"

荷马聪明地摆脱了一个小小的困扰，如果他一味地在这件事情上纠缠不休，最后不见得就能解决问题，还白白浪费了时间。

俗话说，不是拥有的太少，而是计较的太多，一个人要想生活在一个健康的环境里，就一定不要斤斤计较个人的得失。

英国有一位很著名的作家，出身极其穷苦，他的成功是靠着从艰苦卓绝之中、抱着百折不挠的精神，长期奋斗得来的。他有一个习惯，那就是从不在乎别人付给他的稿酬多少。当他暮年的时候，各大书局竞相寻觅他的佳作，他的酬金版税也就丰富起来。

但好景不长，他不久就生了一场大病，并且生命垂危。这个消息一传开，就有很多访问者赶来探望，他们的目的就是为了得知他的遗嘱，然后在各报发表。这班人马站在病床旁边向他请求说："老先生，你是奋斗恶

劣环境的胜利者，那种百折不回、刻苦自励的精神，真使我们敬佩无比。你已功成名就，对我们这班崇拜你的青年，景仰你的后生有何教训？我们愿意知道先生的秘诀，胜利的方法，以作我们的指引。”

那位老先生听到这样诚恳的问候，只微微动了下，睁开昏花的老眼向着他们看了看，仍旧一言不发。

他们又向他请求说：“还望老先生饶恕我们的麻烦，在你病中唠唠叨叨，实在对不起。我们是新闻杂志的记者，愿意听听先生最后的教训，不但我们获益，在报上发表以后，不知又将造福多少青年，因此务请不吝赐教，我们谨候恭听。”

“成功嘛，秘诀嘛，有，请看马太福音十六章二十六节。”老先生轻轻地说完上面的话，便合上了双眼，与世长辞了。他们一一记在纸上，连忙打开圣经看，只见上面写的是：“人若赚得全世界，赔上自己的生命，又有什么益处呢？人还能拿什么换生命呢？”

是的，人即使得到了整个世界，却付出了整个生命，又有什么益处呢？因此，人一定不要斤斤计较个人的得失。

不斤斤计较的人们拥有豁达的胸怀，即使在他们去世之后，也让人们深深地怀念。不斤斤计较是一种明智，一辈子不吃亏的人是没有的。

同事间你来我往，无法做到绝对公平，总是要有人承受不公平，要吃亏。倘若人们强求世上任何事物都公平合理，那么，所有生物链一天都无法生存——鸟儿就不能吃虫子，虫子就不能吃树叶……

既然吃亏躲不掉，就像人类必须面对衰老一样，我们为什么不能放宽心态，理智地面对呢？人与人之间总是有所不同的。有人高，就肯定有人低；有人瘦就有人胖，有人美，就一定有人丑。别人的境遇如果比你好，那无论怎样抱怨也无济于事。最明智的态度就是避免提及别人，避免与人比这比那。而你应该将注意力放在自己身上，“他能做，我也可以做”，以这种宽容的姿态去看待所谓的“不公平”，你就会有一种好的心境，好

心境也是生产力，是创造未来的一个重要保证。

人生箴言：有时候，退一步海阔天空，换个角度和观点看看，一切就都迎刃而解了。所以，没有解决不了的事情。解决不了的，大多是因为你在意的太多。对于一些无关紧要的小事，你真的不必太过计较。人生苦短，多留些快乐的日子给自己吧！

学好“忍”的功夫

有这样一位小伙子，干事的确有一股子闯劲，敢说敢做，而且也敢于承担责任。然而，这样一种本来非常好的性格却被一些别有用心的人所利用。一次，他的一位同事在厂外与人打架，衣服撕破了，身上也打出了血。跑到车间上晚班时，简直就不像个样子。这位小伙子一见，也吃了一惊。这位同事本来吃了亏就心里不服气、想报复，捞回面子。见小伙子问起此事，便添油加醋地大大夸张了一番，并且还把这位小伙子也扯了进来，说是对方也要“治他”，叫他“别神气”。这位小伙子不听则罢，一听便火冒三丈，当即便抄起一根木棍，跑去找人算账。结果，不分青红皂白地将那人打了一顿。后来，他为此受到了十分严厉的批评，赔偿了对方的医疗费和营养费。事后，据调查，对方根本就未曾提起他。尽管两人彼此也认识，但与那位同事的打架仅仅是他们俩人之间的私事。这位小伙子懊恼不迭，直埋怨自己太冲动，头脑简单，以至犯下了大错。

显然，故事中的小伙子因为没有做足“忍”的功夫，而导致连事情都没有搞清楚就大打出手，造成严重的后果。所以，人在任何情况下，都要

先学会“忍”，就像电影《新少林五祖》里面的那个小孩洪文定一样，当别的小孩欺负他的时候，他先是忍着，可是后来，被人欺负的不能忍的时候，才还手出击。这就是“经典”的“忍无可忍，无须再忍”。

在遇到攻击、侮辱、谩骂等之后，首先“忍”下来，认真地、仔细地了解事情的来龙去脉，然后再作判断，无疑是一种强者的风格和心态。真正有本事回击自己的对手，又何必一朝一夕呢?只有充分相信自己能力的人，才能够处变不惊。先“忍”住，把事情搞清楚，再做决断不迟。

人生箴言：忍是中国传统智慧最集中的体现，是现代人必须拥有的一种智慧。在现代社会，忍是安身立命的法宝，是淡定处世、冷静办事的根本。有了“忍”，我们的生活才更和谐，人生才更幸福。我们必须学好“忍”的功夫！

治疗流言蜚语的“特效药”

但丁的一句“走自己的路，让别人去说吧”风靡全球，至今依然是许多人的座右铭。在人生道路中，有时会遇到恶意的指控、陷害，甚至经常会遇到种种难以忍受的恶语中伤。遇到这些不如意的事情，如果我们不能保持冷静的头脑，暴跳如雷，大动肝火，结果只能把事情搞得更糟。克制自己的愤怒情绪，保持淡定，才能让你的大脑保持足够的清醒，想出真正解决问题的办法。换句话说，淡定是治疗流言蜚语、恶意中伤的“特效药”。

许敬宗当时任中书待郎，深为唐太宗李世民所器重。

一天，太宗问许敬宗："朕观群臣之中，惟卿最贤，有言非者何也？"意为：我看这么多官员中，只有你最好，可是有人说你不好，这是为什么呢？

许敬宗对这个问题回答得很妙："春雨如膏，滋长万物，农夫喜其润泽，行人恶其泥泞；秋月如镜，普照四方，佳人喜其玩赏，盗贼恶其光辉，天尚不能尽遂人愿，何况臣呼？"这就是说，春雨那么好，农民喜欢它，可行人却因路滑难走而厌恶它；秋月那么好，姑娘们秋夜赏月游玩，可盗贼却讨厌它太明亮了，偷人家东西时难于藏身了。这说明，天下万事万物都是一分为二的，好与不好都是相对而言的，都是有时间、地点、条件的。

以春雨和秋月打比喻，虽说明了一些问题，但给人的印象还不深。于是，许敬宗接着说："臣无肥羊美酒，难调众人之口，故是非不可听，听之不可信。君听臣遭诛，父听子遭戮，夫妻听之离，朋友听之别，乡邻听之疏，亲戚听之绝。"这段话回答得更妙。自己没有好吃的和好喝的东西去堵塞人家的嘴，只好任凭别人说三道四。最重要的是，你当皇帝的不应该偏听偏信那些搬弄是非的流言蜚语。许敬宗一口气列举了六个事例，说明了君臣、父子、夫妻、朋友、乡亲和亲戚之间听信是非会造成多么严重的恶果。

最后，许敬宗更深一层地点出了问题的实质："人生七尺之躯，谨防三寸舌。舌上有龙泉，杀人不见血。"那些惯于颠倒黑白、造谣中伤、诬陷好人、美化自己的花言巧语者，他们的三寸不烂之舌就像杀人不见血的龙泉剑，人们不可不防啊！

这篇短文的结语是：帝曰："卿言甚善，朕当识之。"

能够沉淀下来的，才是有分量的，浮在水面上的，都是轻飘的东西。在面对别人的嘲笑、讥讽和误解时，我们是否因此而动心，因此而不快，进而影响自己的志向，甚至放弃自己的追求；从此，我们的梦想就被这些

外来的压力所淹没，到老去的时候，回想起这些，我们是否会遗憾终生？因为我们一辈子活在别人的言语中，没有真正的自我。为什么会这样呢？因为我们没有宽广的心胸，没有达观的态度，没有“凡事付诸一笑”的潇洒，没有坚如磐石的底蕴。

村子里一位多年守寡的少妇突然生了一个小孩，由于老和尚曾经帮助过少妇，人们就纷纷猜疑老和尚与少妇有染。而此时，少妇并没有对这个谣言予以澄清和辩解，老和尚也以微笑回答了人们的猜疑。于是谣言越传越烈，甚至没有一人怀疑它的真实性。

老和尚成了过街老鼠人人喊打，连累和尚所在寺庙的声誉也一落千丈。后来少妇不堪压力，留下孩子独自走了，老和尚毅然承担了抚养孩子的责任，于是，人们更加确信了老和尚与少妇通奸的事实。多年以后，少妇带着一个男人回来了，她承认当年孩子的父亲就是这个男人。老和尚的冤屈得以洗清，人们也更加尊重老和尚，而老和尚仍旧以微笑回答着人们的敬仰。

带着微笑面对他人的非议，是一种修养，一种气度，一种品德，更是一种“四两拨千斤”的智慧。作为凡人的我们在面对众人非议的时候，是否也能像老和尚一样微笑并置之不理呢？

有人说“春风再美也比不上你的笑”，一切不过云淡风轻，过眼云烟，人生犹如一场戏。既然是戏，那么我们在遇到别人非议、中伤时又何必过于执著，耿耿于怀呢？

人生箴言：我们的心因为小而浮，因为窄而飘，就像是一只小船，怎能承担得起远航中的海浪和暗礁呢？面对误解，我们冷静处之；面对中伤，我们淡然视之。以一颗淡定的心去承受非议和阻碍，相信这样的我们才会活得充实，活得无怨无悔。走自己的路，卸下心灵的枷锁，用洒脱宽广的心融化质疑的眼光，担起压力责任，活出真我风采！

做一颗快乐的“忘忧草”

有个年轻人在一次同学聚会时，向他的老师诉苦道：“我现在常常睡不着觉，老婆身子不好，每月都要吃药，现在也不能上班了，在家养着，孩子马上要上中学了，还有家里的各项费用，哪一样不要钱?我现在愁得睡不着觉，我最大的愿望就是，等以后日子好过了，什么都不去想，好好地睡个踏实觉，我生活中最大的敌人就是失眠。”

后来，他的情况有了好转。一次意外的机会让他赚了一大笔。他再接再厉，用这笔钱投资了旅游业，他的生意出奇的好，月收入也超过了几万，盛季的时候竟高达十几万。这时，他已经成了所有朋友中事业上最为得意的人。

几年以后，在同学聚会上，老师又见到了这个学生，从他的穿着、谈吐上发现他已然是个成功人士了。老师觉得他现在已经不会再为生计发愁了，关心地问他：“你现在的失眠症好了吧?”

“哎，一点儿都没好。”他皱眉答道，“现在天天都得吃进口药，效果也不怎么好。”

“喔? 那怎么现在还睡不着呢?”

“我现在每天要考虑：怎样把事业做得更大；管账的人会不会贪污；怎样能多招来客人；我的投资什么时候能收回；我想带家人出去旅游一趟，什么时候能有时间……”他顿了顿说，“我那时以为，解决了那些问题我就不用愁了，没想到现在我担心的事更多了。现在，失眠依然是我最大的敌人。”

老师说：“你心事太重，而且放不下，是导致你失眠的原因。”

富兰克林·皮尔斯·亚当斯曾以失眠做比喻。他说：“失眠者睡不着，因为他们担心会失眠，而他们之所以担心，正因为他们不睡觉。”为了那些不必要的事担心，整天把自己弄得烦躁而不开心，这又是何苦呢？与其过一种“杞人忧天”的生活，何不看淡一切，洒脱地过一种快乐而幸福的生活呢？

运用人生的智慧，保持一种超然淡泊而敏锐、洞若观火的心境，不再为小事而烦忧，多好啊！

有一个农夫，每天都是快快乐乐的，当一个新的早晨来临的时候，他都会迫不及待地问候一句：“上帝，早上好！”他的邻居，一个农妇，每天总是心事重重的，当新的一天来临的时候，她的问候语和农夫的相似：“上帝，早上好吗？”

这两个人似乎是来自不同的世界，一个总是快快乐乐，一个总是忧忧郁郁；一个总是乐观自信，一个总是悲观多疑；一个总是发现机会，一个总是寻找问题……

一个阳光明媚的早晨，农夫欣喜地对邻居喊道：“多么晴朗的天空啊！你曾经见到过这么壮丽的日出吗？”

“是的，天空的确很晴朗。”她回答说，“但同时也会带来炎热，我真担心它会把农作物烤焦。”

还有一次是在阵雨的午后，农夫赞叹道：“这真是一场及时雨啊，农作物今天可以开怀畅饮一次了！”

农妇听见后，忧心忡忡地说道：“但愿老天能见好就收，别一下就下个没完，那样农作物会吃不消的。”

“即使是这样，你也不必太担心了，别忘了，我们是买了洪水保险的。”农夫安慰农妇道。

为了让心事繁重的邻居开心快乐起来，农夫费尽周折地弄来一条既漂

亮又训练有素、身价不菲的德国犬。农夫深信这条拥有多种技能的德国犬一定会给农妇带来欢乐的。

这天，农夫特意邀请他的邻居来观看德国犬的精彩表演。

农夫先把一根木棍扔进湖里，然后大声命令德国犬：“去，把木棍给我取回来！”德国犬在听到主人的命令后，立刻飞快地向湖边跑去，并毫不犹豫地跳进了湖中。只见德国犬在湖中上下翻腾着，一会儿浮出水面，一会儿沉入湖底，没过多久，嘴里就衔着木棍回到了主人的身边。农夫赞赏地摸了摸德国犬的脑袋，高兴地问农妇：“怎么样？这家伙表演得还不错吧？”

本以为农妇会满心欢喜地点头称赞，谁知她手捂胸口，眉头紧皱地回答道：“我都快揪心死了！看它在湖里上下翻腾，总担心它的水性不够好，怕它会淹死在湖里！”

烦恼是一把摇椅，你一旦坐上去，它就会一直摇呀摇，总也停不下来。如果你跳下来，它自己也就不会再摇了。

生活本已不易，我们何苦还要庸人自扰，给自己增加不必要的烦恼呢？这岂不是自己跟自己较劲儿？

人生箴言：生活中，有很多人都在为一些小事烦恼着，他们不但顾虑着现在，而且还想着未来。今天还没好好享受完，就要苦苦地思索明天该如何去过。打开衣柜，为衣服而烦恼；打开门，为天气而烦恼；打开电脑，为有无新邮件而烦恼；打开冰箱，为吃喝而烦恼。总之，人要活得开开心心，何必为生活中的那些小事而烦恼呢？做一棵快乐的“忘忧草”，给生活增添一些祥和、快乐的气氛，不是更好吗？

悲伤和快乐，你选择哪个

每个人都有七情六欲和喜怒哀乐，烦恼也是人之常情，是人人避免不了的。但是，由于每个人对待烦恼的态度不同，所以烦恼对人的影响也不同。

有一位年老的父亲，他有两个儿子，他们都很可爱。在圣诞节来临前，父亲分别送给他们完全不同的礼物，在夜里悄悄把这些礼物挂在圣诞树上。第二天早晨，哥哥和弟弟都早早起来，想看看圣诞老人给自己的是什么礼物。哥哥的圣诞树上礼物很多，有一把气枪，有一辆崭新的自行车，还有一个足球。哥哥把自己的礼物一件一件地取下来，却并不高兴，反而忧心忡忡。

父亲问他："是礼物不好吗?"哥哥拿起气枪说："看吧，这支气枪我如果拿出去玩，没准会把邻居的窗户打碎，那样一定会招来一顿责骂。还有，这辆自行车，我骑出去倒是高兴，但说不定会撞到树干上，会把自己摔伤。而这个足球，我总是会把它踢爆的。"父亲听了没有说话。

弟弟的圣诞树上除了一个纸包外，什么也没有。他把纸包打开后，不禁哈哈大笑起来，一边笑，一边在屋子里到处找。父亲问他："为什么这样高兴?"他说："我的圣诞礼物是一包马粪，这说明肯定会有一匹小马驹就在我们家里。"最后，他果然在屋后找到了一匹小马驹。父亲也跟着他笑起来："真是一个快乐的圣诞节啊!"

哥哥和弟弟有着截然不同的观念，因为哥哥的悲观，所以他的整个人

生也将是灰暗的。而弟弟的乐观，带给他自己的是一片七彩的天空，而他的未来也将是无限成功的。因为无论在多么困难恶劣的环境里，永远向着光明和乐观的方面去思考和努力，就能获得成功。

大卫是饭店经理，他的心情总是很好。当有人问他近况如何时，他回答："我快乐无比。"

如果哪位同事心情不好，他就会告诉对方怎么去看事物好的一面。他说："每天早上，我一醒来就对自己说，大卫，你今天有两种选择，你可以选择心情愉快，也可以选择心情不好，那么我选择心情愉快。"

那天，大卫被三个持抢的歹徒拦住了。歹徒朝他开枪，幸运的是发现较早，大卫被送进急诊室。

经过18个小时的抢救和几个星期的精心治疗，大卫出院了，只是仍有小部分弹片留在他体内。

6个月后，大卫的一位朋友见到他。朋友问他近况如何，他说："我快乐无比。想不想看看我的伤疤?"朋友看了伤疤，然后问他当时想了些什么。大卫说道："当我躺在地上时，我对自己说有两个选择：一是死，一是活。我选择活。医护人员都很好，他们告诉我，我不会死的。但在他们把我推进急诊室后，我从他们的眼神中读到了'他是个死人'。我知道我需要采取一些行动。"

"你采取了什么行动?"朋友问。

大卫说："有个护士大声问我对什么东西过敏。我马上答'有的'。这时所有的医生、护士都停下来等我说下去。我深深吸了一口气，然后大声吼道：'子弹!'在一片大笑声中，我又说道：'请把我当活人来医，而不是死人。'大卫就这样活下来了。

其实在工作和生活中，很多事情也是这样，乐观情绪总会带来快乐明亮的结果，而悲观的心理则会使一切变得灰暗。

受苦的人，没有悲观的权利；失火时，没有怕黑的权利；战场上，只

有不怕死的战士才能取得胜利；也只有受苦而不悲观的人，才能克服困难，脱离困境。

我们不仅要知道在快乐的时候微笑，更要学会在面对困难的时候微笑，因为只有这样，你才能在挫折面前精神不倒；只有这样，你才能告别悲伤的凄凉，迎接生活的春日暖阳。

当自己已经尽力，可因为个人无法控制的所谓“天命”而使事情变糟时，恐慌、着急、悔恨都无济于事，不如将自己从悲观中放逐出来，去感受生活中的阳光，迎接那辉煌亮丽的人生。

人生箴言：我们容易将别人的事情看得如水中倒影般明澈，然后以智者的姿态，或冷眼旁观，或苦心劝诫；然而涉及到自己，就会出现老眼昏花之态，飞蛾扑火之举。记住，凡事都应持一种积极的心态，往好处想，不是看什么都不顺眼，这样就会少些烦恼、苦痛、牢骚，多些欢乐、平安。

第六章
有一种感情云淡风轻

人们都记得那种生死相依的爱情，却也同时羡慕那种凄凉的爱情。但是爱情不一定需要拥有，有时爱情更是一种分别后淡淡的思念，是一种只要你开心，我就幸福的味道。爱情需要淡定，不是曾经的紧抓不放，而是铅华洗尽后勇敢而果断地放手，在心间留一份牵挂，一份思念，甚或一份憧憬，然后安静地固守这份淡淡的情怀，像江南烟雨，似晚间夕阳，云淡风轻！

等待千年，不如拥有现在

幸福是什么？幸福是男女手牵手在昏黄的路灯下散步，幸福是男人下班后的一个小小的拥抱，幸福是女人坐在饭桌旁等着男人下班回家一起吃饭。幸福是什么？幸福就是现在，它不是从前，也不是未来。

从前，圆音寺的横梁上有个蜘蛛结了张网，经过了1000年的修炼，蜘蛛佛性增加了不少。一天，佛祖光临圆音寺，佛祖问蜘蛛："你我相见总算是有缘，我来问你个问题，看你修炼了这1000多年，有什么真知灼见。"蜘蛛遇见佛祖很是高兴，连忙答应了。佛祖问道："世间什么才是最珍贵的？"蜘蛛想了想，说："世间最珍贵的是'得不到'和'已失去'。"佛祖点了点头，离开了。

又过了1000年，蜘蛛依旧在横梁上修炼。一日，佛祖又来到寺前，对蜘蛛说："1000年前的那个问题，你可有什么更深的认识吗？"蜘蛛说："我觉得世间最珍贵的是'得不到'和'已失去'。"佛祖说："你再好好想想，我会再来找你的。"

又过了1000年，一天刮起了大风，风将一滴甘露吹到了蜘蛛网上。蜘蛛望着甘露，见它晶莹透亮，顿生喜爱之意。蜘蛛每天看着甘露很开心，觉得这是3000年来最开心的几天。突然，又刮起了一阵大风，将甘露吹走了。蜘蛛一下子觉得失去了什么，感到很寂寞和难过。这时佛祖又来了，问蜘蛛："这1000年，你可好好想过世间什么才是最珍贵的？"蜘蛛想到了甘露，对佛祖说："世间最珍贵的是'得不到'和'已失去'。"佛祖说："好，既然你有这样的认识，我让你到人间走一遭吧。"

就这样，蜘蛛投胎到了一个官宦家庭，成了一个富家小姐，父母为她取了个名字叫蛛儿。16年后，蛛儿已经成了个婀娜多姿的少女，十分漂亮。这一日，皇帝决定在后花园为新科壮元郎甘鹿举办庆功宴席。来了许多妙龄少女，包括蛛儿，还有皇帝的小公主长风公主。状元郎在席间表演诗词歌赋，大献才艺，在场少女无不为他倾倒。但蛛儿一点也不紧张和吃醋，因为她知道，这是佛祖赐予她的姻缘。过了些日子，说来很巧，蛛儿陪同母亲上香拜佛的时候，正好甘鹿也陪母亲而来。上完香、拜过佛，二位长者在一边说上了话。蛛儿和甘鹿便来到走廊上聊天，蛛儿很开心，终于可以和喜欢的人在一起了，但是甘鹿并没有表现出对她的喜爱。蛛儿对甘鹿说："你难道不曾记得16年前，圆音寺的蜘蛛网上的事情了吗？"甘鹿很诧异，说："蛛儿姑娘，你很漂亮，也很讨人喜欢，但你想象力未免丰富了一点儿吧。"说罢，和母亲离开了。蛛儿回到家，心想：佛祖既然安排了这场姻缘，为何不让他记得那件事，甘鹿为何对我没有一点儿感觉？

几天后，皇帝下召，命新科状元甘鹿和长风公主完婚；蛛儿和太子芝草完婚。这一消息对蛛儿如同晴空霹雳，她怎么也想不通，佛祖竟然这样对她。几日来，她不吃不喝，穷究急思，灵魂就将出壳，生命危在旦夕。太子芝草知道了，急忙赶来，扑倒在床边，对奄奄一息的蛛儿说道："那日，在后花园众姑娘中，我对你一见钟情，我苦求父皇，他才答应。如果你死了，那么我也就不活了。"说着就拿起了宝剑准备自刎。

就在这时，佛祖来了，他对快要出壳的蛛儿灵魂说："蜘蛛，你可曾想过，甘露（甘鹿）是由谁带到你这里来的呢？是风（长风公主）带来的，最后也是风将它带走的。甘鹿是属于长风公主的，他对你不过是生命中的一段插曲。而太子芝草是当年圆音寺门前的一棵小草，他看了你3000年，爱慕了你3000年，但你却从没有低下头看过它。蜘蛛，我再来问你，世间什么才是最珍贵的？"蜘蛛听了这些真相之后，好像一下子大彻大悟了，她对佛祖说："世间最珍贵的不是'得不到'和'已失去'，

而是现在能把握的幸福。”刚说完，佛祖就离开了，蛛儿的灵魂也回位了，睁开眼睛，看到正要自刎的太子芝草，她马上打落宝剑，和太子紧紧地抱着……

屠格涅夫说过：“幸福没有明天，它甚至也没有昨天，它既不忆过去，也不去想将来，它只有现在。”因此，长路漫漫，过去的已过去，将来的还未到，能握住的是——现在，而能抓住的也只是——现在的幸福。

人生箴言：感悟幸福，认知幸福，就要珍惜现在拥有的幸福，不要放着现有的幸福看不到，而去追求虚无缥缈不现实的东西。

甜蜜的心酸

莱昂和芭莎相识在1919年的春天，那年，卢森堡王室迎来了夏洛特公主继承王位，同时她又嫁给了波旁家庭的后裔费利克斯王子。做为王室后厨一个帮厨的莱昂忙坏了，整天都在清理碗筷和盘子，双手裂开了好多口子，当他正在用盐水擦洗伤口时，一个女孩走了过来，对他说：这样一定很疼吧？这个女孩就是后来影响莱昂一生的芭莎公主。

从没有人疼爱的莱昂遇到了善良的芭莎。因为芭莎只是费利克斯王子的远房亲友，所以在王室里地位很低，稀罕的美食——冰淇淋，也轮不上她去品尝，于是莱昂每到晚上就悄悄地溜进厨房，为芭莎做冰淇淋，两个人总是一边品尝着冰淇淋，一边谈着往事，芭莎还教会了莱昂英语。情窦初开的甜蜜萦绕在两个年轻人的心头。不过，在那个尊卑分明的保守年代，由于身份和环境的特殊，他们谁都没有说出心里的爱意，只是默默地

将这份感情埋在心底。

20世纪初，为了使卢森堡在整个欧洲的地位强大起来，卢森堡和比利时订立了同盟，为了巩固两国之间的关系，王室联姻成为最好的办法，而被选中的人就是芭莎公主。一连几天，莱昂都看不到芭莎，他心急如焚。终于在一个月后，芭莎出现在餐桌上，然而她已经瘦了一大圈，整个人看起来很憔悴。莱昂在准备甜点的时候，在芭莎的冰淇淋上用热巧克力写了几个英文字母“DOVE”，这是“DO YOU LOVE ME”的英文缩写。他相信芭莎一定可以看懂他的心声，然而芭莎发了很久的呆，直到热巧克力融化。

几天之后，芭莎出嫁了。一年后，忍受不了相思的折磨，莱昂离开了王室后厨，带着心中的隐痛，悄然来到了美国的一家高级餐厅。这里的老板非常赏识他，还把女儿许给莱昂。

时光的流逝，家庭的安宁，平稳的事业，还有儿子的降生，都没能抚平莱昂心底深处的创伤。他的心事没有逃过妻子的眼睛，她的愤怒爆发了，并伤心地离开了他。

莱昂此后一直单身带着儿子，经营他的糖果店。1946年的一天，莱昂看到儿子在追一辆贩卖冰淇淋的车，记忆的门顿时被撞开。

自从芭莎离开后，莱昂便再也没有做过冰淇淋了，这次莱昂决定继续完成没有为芭莎完成的新款冰淇淋的研究。经过几个月的精心研制，一款富含奶油、同时被香醇的巧克力包裹的冰淇淋问世了，并被刻上了四个字母。儿子天真的问莱昂“DOVE”（德芙）是什么意思。莱昂轻轻地说：这是冰淇淋的名字。

德芙的冰淇淋一推出就大受好评。而正在此时，莱昂收到了一封来自卢森堡的信，信是一个同在御厨干活的伙伴写给他的，信中莱昂得知，芭莎公主曾派人回国四处打听他的消息，希望他能够去探望她，但却得知他去了美国。由于受到第二次世界大战的影响，这封信到莱昂的手里时，已

经整整迟到一年零三天。

莱昂历经千辛万苦终于找到了芭莎。但此时芭莎和莱昂都已经老了，芭莎虚弱地躺在床上，曾经如清波荡漾的眼睛变得灰蒙蒙的。莱昂扑在她的床边，眼泪无法自抑地滴落在她苍白的手背上。芭莎伸出手来轻轻地抚摸莱昂的头发，用近乎微弱到听不清的声音叫着莱昂的名字。

芭莎回忆当时在卢森堡，她非常爱莱昂，曾以绝食拒绝联婚，她被看守了一个月，她深知自己绝不可能逃脱联婚的命运，何况莱昂从未说过爱她，更没有任何承诺。在那个年代，女子要同整个家庭决裂是要付出很大代价的。她最终只能向命运妥协，但条件是，希望离开卢森堡前能回王官喝一次下午茶，因为她想在那里与莱昂作最后的告别。她吃了他送给她的巧克力冰淇淋，却没有看到那些融化的字母。

听到这里，莱昂泣不成声，过去的误解终于有了答案。但一切都来的太晚了，三天之后，芭莎离开了人世。莱昂听佣人说，自从芭莎嫁过来之后，终日郁郁寡欢，导致疾病缠身，在得知他离开卢森堡并已经在美国结婚后，就一病不起了。

看到这，每个人都会惋惜，如果芭莎和莱昂都能够坦然地面对现实，投入新的生活的话，这个故事也可以不这么悲情、凄凉。但是，生活中就是有这么多的无奈，正是这些无奈才让我们的生活不是一潭死水，波澜不惊。同时，我们需要这样凄美的爱情故事警示我们，爱就要大胆说出来，但除此之外呢？我们是否更要坦然地面对现实、接受现实呢？

人生箴言：过去的爱情再美，既然不可能了，我们就要试着面对新的生活。上帝让我们在合适的时间相遇，却没有给我们在一起的机会，为何不试着在合适的时候给自己一个出口，一个痛苦并幸福的出口！

强扭的瓜不甜

爱情永远是最美丽的，但这是以过着幸福生活为依据的，爱情是人们心中最美的东西，但是如果那份爱原本不是你的，而你还死死抓住不放，或是强求，即使能得到，也不会幸福。还有一种爱，那就是坚守，即使痛苦自己，悲伤自己，有种痛死自己也不会放手的精神，而对方却早已心灰意冷，这份爱，就不值得你去守护、坚持，如果再坚持下去，只会使自己更累，更痛苦而已。所以，面对不属于自己的爱情，何不从从容容地放手，给爱一个自由呼吸的空间，同时也给自己一个收获幸福爱情的机会。

李建杰与女友的恋情开始于大学毕业时，相恋了八年，还是没能兑现之前的海誓山盟——白头偕老。就在五年前的一天，女友突然对李建杰提出“分手”两个字，当时李建杰正在工地上，听到这句话，他当即就倒下了。而女友提出分手的理由很简单，李建杰不能给她买车，没有私人别墅。

李建杰感觉那段时间就是他的世界末日，他思念女友，给同学的手机打了几十遍，却没有一个人知道女友的消息。后来得知女友所在的城市，于是就前去了那座城市。很快，一年过去了，一点女友的消息都没有。一晃三年过去了，李建杰一个人整天浑浑噩噩地过着，醉了就睡，醒了就唱，唱累了就再喝酒，从此，就像女友与他失去联系一样，家人也找不到他。

就这样，又过了两年。一天，李建杰看到这样一幅画面，一位小女孩对哭泣的妈妈说：“妈妈，爸爸不要你了，还有我啊，我可以保护你。”李建杰明白了小女孩的妈妈虽然失去了丈夫的爱，但是得到了亲情，可是像自己这样牢牢抓住过去，又能得到什么呢？只会使自己更累。

第二天，李建杰就回家了……

该是自己的就是自己的，不是自己的，怎么强求都没用。对待爱情，不可强求，即使强求到手，那么“强扭的瓜”也是“不甜”的。故事中李建杰原来的爱情没有利欲的掺杂，是纯洁无暇的，但是后来却掺进了杂质，变得不再纯净。对于不再纯净的爱情，我们又何必苦苦追寻，把自己搞得这么疲惫呢?

人的感情是有底线的，与其苦苦等待不可能有的结果，还不如放弃呢！放弃也是一种爱，这是爱一个人的最高境界。要给你爱的人以自由，也要给你不爱的人以自由。

有人说：“放弃一个很爱你的人并不痛苦；放弃一个你很爱的人那才痛苦；爱上一个不爱你的人那更加痛苦。”若是有缘，时间空间都不是距离，若是无缘，终日相见也无法心神领会，凡事都不必太在意，保持一颗淡定的心，让一切都随缘吧！

人生箴言：爱情就像是旅行，如果缘浅，那么下一站就是终点。既然已到终点，那么就不必留恋，从容下车，这样或许还能赶上下一班没有终点的幸福列车。

松开双手，爱情就在手中

什么是缘分？没人能说清。缘分就像风一样，它可以随时来，也可以随时散。因为缘分总是飘忽不定的，所以你越是有强烈的要求，它就会离你越远。所以，对待缘分应该像老子所说的这样：“人法地，地法天，天

法道，道法自然。”也就是凡事都不可强求，只要顺其自然就好。即使缘分也是如此，它是可遇而不可求的。

从前有个书生，和未婚妻约好在某年某月某日结婚。到那一天，未婚妻却嫁给了别人。书生受此打击，一病不起。家人用尽各种方法都无能为力。

这时，一位游方僧人路过，得知情况，决定点化他。

僧人到他床前，从怀里摸出一面镜子叫书生看。

书生看到茫茫大海，一名遇害的女子一丝不挂地躺在海滩上。

路过一人，看一眼，摇了摇头，走了……

又路过一个人，将衣服脱下，给女尸盖上，走了……

再路过一人，过去，挖了坑，小心翼翼把尸体掩埋了……

疑惑间，画面切换，书生看到自己的未婚妻。洞房花烛，她丈夫掀起盖头的瞬间……

书生不明所以。

僧人解释：那具海滩上的女尸嘛，就是你未婚妻的前世，你是第二个路过的人，曾给过她一件衣服。她今生和你相恋，只为还你一个情。但是她最终要报答一生一世的人，是最后那个把她掩埋的人，那人就是他现在的丈夫。

书生大悟，刷地从床上坐起，病痊愈了！

如果你相信缘分的存在，就应该明白，缘分这东西不可强求，该是你的，早晚是你的。不该是你的，怎么努力也得不到。是聚是散都应随缘。

十万零八千级的阶梯，直入云端。一个年轻人，正在这阶梯上缓缓地蠕动着。仔细一看，三步一拜，九步一叩。想来这年轻人是想以诚意感动上天。

寒冬酷暑，风霜雨雪，丝毫阻止不了他求佛之心。阶梯上留下的是他永不磨灭的痕迹！

时间已过三载，终于，眼前只剩下最后的三级了，这时天空传来一个

声音："年轻人，你历尽艰苦，耗费三载之时，所为何事？"

"我只想求佛赐还我的缘分。"

"你知道你走过了这三级阶梯后你将到哪里？"

"我不知道，我只知道，我的诚心一定能感动佛祖，他定会将我的缘分还与我。"

"如果你越过这三级阶梯后将完结你的人生你也无畏吗？"

"若是如此，我也甘心情愿。"

"那好吧，你上来吧！"

年轻人终于完成了他最后一个叩头，当他抬起头的时候，佛祖就在面前。

"佛祖，我想要回我的缘分。"

"你既信佛，应明缘分不可强求之理！"

"我之诚意，我所经历如此的磨难，难道无法换回我的缘分吗？"

"缘分未至，等待机缘！"

说完这句话后佛祖消失了。可年轻人不甘心，他大喊道："如果你不赐予我缘分，那么我就在这跪求，哪怕100年、1000年！"

10年过去了……

100年过去了……

1000年过去了……

年轻人承受了大自然所有的磨难，可他依然保持着那份执著！

终有一天，佛祖出现了。

"年轻人，你始终还是无法参透。缘是天定，份在人为。无相才能着相！明白么？回去吧！"

年轻人回来了，因为他想明白了，1000年的等待，终于等到他想要的缘分！缘分一直就在他身边，只是他没有发现而已。今天，他找到了他的缘分，于是他说："你是我向佛求了1000年求来的，我不会让你再离开我！"

因此有人说："成熟的人不问过去；聪明的人不问现在；豁达的人不问将来。"

缘分最是奇妙，缘分的事，任谁也说不准。我们都猜不透，只知道它可遇而不可求。还好，我们都没有强求。

人生箴言：爱情不需要轰轰烈烈，爱情不需要地久天长，但爱情是伟大的，爱情需要的是淡定，而不是不择手段的强求。有一句很经典的话：当你紧握双手，里面什么也没有；当你打开双手，世界就在你手中。感情也一样，越强求越得不到，反而以一种淡然、随缘的姿态去面对它时，往往它就会"自投罗网"。所以，爱情也需要淡定！

绝不做爱情的影子

爱情的世界是阳光明媚，鸟语花香的，在爱情的舞台上，每个人都是彼此的主角。

靳华伟是学校相当有名的人，篮球打的好，人也长的不错。季美艳第一次遇见他是在学校的运动会上。因为老师规定，到时间要查人，季美艳看了下时间，只剩下 1 分钟了就急急忙忙从学校的食堂往操场走，途中和一个男生相撞了，当时季美艳的第一反应是：他的肌肉好结实啊！把我撞的好疼啊！男生向季美艳说了句"对不起"就匆匆走了……后来在男子1500 米跑步季美艳伟看到了那男生，心想：还真的挺猛的，呵呵……

就这样，毫无预兆的过了大概两周以后，季美艳的一个同学突然给季美艳一封信，拿到信的季美艳吓了一大跳，季美艳感到莫名其妙，拿着信

不知如何是好，就问她同学，给信的是谁，同学说是靳华伟，但那时季美艳并不知道靳华伟是谁。同学还说晚上一起放学回家，出于好奇的季美艳答应了，到了晚上季美艳才知道靳华伟原来是他。

就在那天，靳华伟问季美艳愿不愿和他好，季美艳说他们都不了解，怎么能好呢？但其实，季美艳对靳华伟是有感觉的，虽然那并不是爱，于是，他们约定彼此先了解一周。

从那以后靳华伟每天早晨去接季美艳上学，晚上送季美艳回家……感情就这样自然而然产生了，季美艳不开心的时候靳华伟总会逗她开心；冬天的天气很冷，靳华伟在每天早晨总会给季美艳买好豆浆；季美艳感冒了，靳华伟会给她买好药，看季美艳喝了才去做别的事……就像所有幸福的情侣一样，彼此为对方做着温暖、甜蜜的事。

可一切都是那么短暂，短暂的让人来不及珍惜。一天，在朋友的生日宴会上，不知道怎么提起了靳华伟的前任女友，靳华伟说他很爱他前任女友，可她不了解他，他等了三年，等的是她和别的男生好上，他本来就喝了好多酒，说到这他直接拿起酒瓶灌，看靳华伟那很受伤的样子，说明靳华伟很爱他的前任女友，季美艳顿时明白，在靳华伟心目中她只是个影子……

季美艳很伤心，也很无助。她觉得过去的幸福，过去的一切，都是假的，都是别人的，而她也沦为了一个偷取别人幸福，亦或只是捡取别人丢弃了的幸福的可怜虫。季美艳真的不知道该如何是好，在几次痛定思痛之后，季美艳告诉自己无所谓，与其痛苦的接受不属于自己的幸福，不如坦然地放弃。虽然她爱靳华伟，但也不想做别人的影子。可是，爱情是无法欺骗的，过往越是幸福，那么伤害也就越是刻骨铭心。季美艳每天蜷缩在角落，等待着爱情的伤口愈合，体会着敢爱敢恨的洒脱，终于，她勇敢地说出了分手。

有人说，勇敢的代价是自己先放手，承认失败，接受无奈，轻轻地叹

一口气，从此心若止水。也有人说，爱情原本就是牵了手，然后放手。爱情是两条因爱慕而偏移的平行线，最终逃不过命定的相离。爱情是带刺的玫瑰，只有采摘的人才知道其中的痛。

爱情也是自私的，我们要有“宁为玉碎，不为瓦全”的执着，敢有放手的勇气，不去做别人的代替品和影子，只寻找自己的专属密码。

人生箴言：人在世间上，最难做到的就是放下，自己喜爱的当然放不下，而对于自己不喜爱的也难以放下。因此爱憎的感情，时时刻刻都盘踞在我们的心里，哪里还能快乐自主呢？如果对心爱的东西能够割舍，而对违逆又能够接受，才能做到无爱无憎。

矜持错过的

好朋友是网球迷，她在好友的熏陶下，也逐渐对网球产生了浓厚的兴趣。几乎每个周末，她都会到网球俱乐部去打球，虽然打得很差。一天，她看到好友和一位男士正在打球，他身材颀长，身穿宝蓝色T恤和白色球裤，显得极其俊秀挺拔。他的网球打得很好。看着那近乎专业的球技，她倒吸了一口气，顿时为自己的三脚猫功夫而自愧弗如。

可是好友已经看见了她，在后面喊她“一起玩玩嘛”。

她收住了脚，硬着头皮走下球场。好友把球拍塞给她。

她连声解释自己“打得很差很差”，那位男士却温和地微笑着，眼神中有丝丝鼓励的光彩。

他尽量把每一个球都打在利于她接的点上，对她打飞的球也尽力跑去

接上。她有一种和教练打球的感觉。勉强打了一会儿，她就退下去了。她想他一定觉得很没劲。她为自己羞愧不已。

那男士却说她很有打网球的天赋。临分别时，他们互赠了名片就告辞了。

从此以后，这成了他们之间的默契。他会在每个周末的下午给她打电话，告诉她打球的时间地点。他们一起打球、聊天，有时一起吃饭，就像一对老朋友。但他们之间的谈话也仅限于网球等，对于感情方面的事情，都闭口不谈，唯恐彼此伤害了对方。

两个月后，在周末那固定的时间里，她没有等到他的电话，那一整天她都心神不宁郁郁寡欢。她一直坐在电话机旁。每次电话响起，她心中都会腾地升起模糊的希望，但当她拿起话筒时，却不是他的声音。

夜已经深了，她依旧坐在沙发里，膝上的书已经摆了很久很久，却一页也没翻过去。书面上放着那张名片，那上面很清楚地印着他的电话和手机号码。每一号码她都能随口说出，但始终没有勇气伸手拨动那些号码。

她以为她可以很潇洒很不在乎。从他们交往的第一天开始，她就对自己说总有一天这一切都会结束的。她是一只丑小鸭，不是白雪公主。她从来不问他愿意约她打球的原因，她从来不探究他对她的看法，也不分析自己对他的感觉。她怕受到伤害。她以为她把自己保护得很好很好了，但现在当这一切来临的时候，她何以会如此心伤?

她等待了三个星期，他不再有一丝消息。

岁月顺流而过，它以淡忘的方式治疗了一切的创伤。

一年之后，好友生了一个千金。满月时请她参加庆祝party。

于是她和他相遇了。他看上去几乎没有变化，依旧是那么高贵挺拔，脸上挂着祥和的笑容。

见了她，很平静，就好像什么事情也未曾发生过，她淡淡一笑，走开了。

好友说他最近结婚了，娶个了富家女。

从好友的家里出来，她走向公共汽车站。这时有人在后面叫她。她回

过头去，是他。

她的心里一霎间涌出万分复杂的感觉。最后，她深吸了一口气，决定摆出无所谓的态度。“嗨，有事吗?”她问他。

他看着她，一时无语，失去了那与生俱来的安静沉着，他竟然有些无措。过了好一会儿，才开口：“我送你。”

“多谢，不用了。”她转身要走，“再见。”

他急急跨前拦住她。“我后来……出了车祸。”他冲口而出。

她一怔，猛地抬头，“什么?”

“我出了车祸，在医院里躺了两个月。”他说，“所以没再约你打球。”

“我不知道……”她喃喃低语，随即问：“你没事吧？伤在哪里了?”

“我没事。”他又微笑了。仿佛她的关怀鼓舞了他，他已从不安中恢复过来，只是笑容有点苍凉。

“那你为什么不告诉我?”

他笑容中的苍凉加深了。“我认为，你对我的出现与消失毫不在意。如果你有一点点在意，你会主动给我打一次电话，那么我会告诉你我需要你来照顾。一直在等你的电话，我等待了整整两个月……”

爱不需要矜持，如果你喜欢一个人最好的选择就是告诉他(她)，因为也许机会只有一次，错过了，也许会成为终身的遗憾!

人生箴言：法国著名作家雨果在逝世前一天写下：“爱就是行动”。的确，爱情只有凭借人的主动性，才能变成现实。当爱情到来，就应勇敢地对所爱的人表达出来，抓住爱情，避免因错过机会而造成一个人的痛苦，两个人的悲剧。

矜持让我们擦肩而过

唐文静今年上高三，虽然马上就考大学了，但她仍然在学校的电台主持节目。

每天早晨，她都在521路车站牌前等车，唐文静青春靓丽，犹如一朵美丽盛开的莲花。等车的时候，总会发现有一种目光在注视着她，回首却发现是一个高大帅气的阳光男孩。但是，那男孩一接触到她的目光，就顺势把目光移走了，唐文静没想太多，大概是自己比较引人注目吧!

一次，她的一个同学告诉她，有个男孩特别喜欢她主持的节目，特别喜欢她那动听、温柔的声音，想和她交个朋友。一向高傲时尚的唐文静听说后不以为然，心想都什么时代了，想和人交朋友还要别人介绍，真是够土的。她觉得很好笑，也没有向朋友追问什么，只是一笑了之。

然而，在偶然一次的聚会上，当同学把手偷偷地点向那个男孩时，唐文静一下愣住了，那个男孩，就是每天在521路车上等车时偷偷注视她的那个男孩。聚会上，那个男孩表现得非常出色，男孩沉静英俊的面容，儒雅从容的气度，深深打动了唐文静的心。

自从这件事以后，唐文静每天在521路站牌下等车时都要下意识地环视四周，但是，那个令她心动的男孩总是不定时地出现，即使出现，也因为车上的人拥挤给冲散了。唐文静有点着急，她甚至在想着如何与男孩攀谈的话语，但是每次都不能如愿以偿。

然而，令唐文静意想不到的是，一个星期一的早晨，521路车上的乘客出奇得少，刚刚上车，唐文静的心一下子跳了起来。不知道是祈祷起了

作用，还是上天的安排，唐文静发现那个男孩就坐在车上，并且，他一旁的位置空着。

男孩抬起头看见了她，忙站起身来给她让座，嘴里还低声说着什么，唐文静心慌得厉害，满面绯红，过度的矜持让她不知如何去做，声音很低，口不由心地说："谢谢，我喜欢坐在后面。"说完，唐文静向后面走去，再抬头看那男孩的时候，发现笑容尴尬地滞留在脸上。

唐文静感到内疚，她知道自己是喜欢他的，一站又一站，当她拿定主意准备坐到男孩身边时，发现空位已有了人，没有办法，唐文静只好期待下一次，她发誓一定不再错过。

她继续做她的节目，情感方面的。只是，在521路车的站台上，她再也没有见过那个男孩。

其实，他只是改变了乘车路线，他为她才搭那辆车的，他依然爱听她主持的节目，她温柔如水的声音常常不设防地流进他的心灵深处，他自始至终都怀念那个声音唯美动听的女孩，她为什么不坐呢？她爱他吗？

唐文静大学毕业后，就来到本市一家电台做了一个情感热线的主持人。一天，在她主持的开篇语里，她用忧伤的声音朗诵了一篇情感散文，那故事就发生在521路上，一个错失的空位让文中的主人公咫尺天涯的情感故事。她忧郁感伤的声音，如一道闪电准确无比地击中了他的内心，他是唯一知道女主人就是她的人，其实她原来是喜欢他的呀！

他不由得流下了眼泪，这时，一旁的妻子也感叹道：这个故事太伤感了。

其实，爱情有时就是一个空位。有时候，不是我们没有机会和它面对面，只是在它空着时，我们不曾想着去坐，等惊觉要去坐时，我们却已与它擦肩而过。

人生箴言：感情没有空档期，不会因为你的犹豫不决而为你原地停留，也不会因为你的错失而重新来过。所以，在我们遇到真爱的时候，请

勇敢地伸手去抓住，什么面子，什么矜持，让它们都统统见鬼去吧！

爱可以这样勇敢

对于爱情，淡定可以是放弃，虽然心痛到无法呼吸，但这却是一种幸福，爱可以这样勇敢！

有这样一个女子，她似培育了她的富士山，有着宁静炙热的美。她温良谦恭，她人如其名，纤尘不染。她叫雪子，一个生于19世纪的扶桑女子，和所有二八年华的女儿一样，在豆蔻年华里，无数次地，于温暖的烛光中，许下最纯真的爱情梦想。

或许，真的是老天有眼，她的祈愿成真了。慈悲的佛祖让她于千万人中，遇到了那个叫李叔同的中国男人。四目相对的一刹那，李叔同那由丰富人生阅历积累下来的洞悉人生的睿智眼神，瞬间便捕获了她的芳心。尽管他比她大许多，并且，在故国家园里有妻有子，然而，她依旧爱了，倾心掏肺。

不得不承认李叔同简直是个天才，音乐、诗词歌赋、篆刻、书法、绘画、表演，几乎样样精通。像所有那个年代怀了一腔热忱却报国无门的热血青年一样，他追随他心中的领袖蔡元培，想闯出一条救亡兴邦的康庄大道。然而，不幸的是，蔡元培遭人迫害，被当局通缉，作为同党的他亦难逃劫数。于是，无奈之下，他东渡日本，学习西洋油画与剧本创作，将满腔的悲愤和一身的才情，赋予沉默的丹青与跳动的音符中。

彼时，他是她家的房客，她是他的画模，日夜在同一屋檐下相遇，久而久之，她入了他的画，他入了她的心。雪子炙热的爱，温暖了李叔同孤

独的心。雪子爱他，为了他，不惜赴汤蹈火，而雪子要的却不多，一份真实的感情，一掬茅檐低小的简单快乐，足以慰平生。

六年的相依相伴，让他们度过了一生中最静美的爱情时光。她多么希望就这样与他厮守到终老啊，然而李叔同的心无时不系挂着他的祖国。辛亥革命的成功，让一心报国的他再也无法在异国他乡的温柔里销蚀青春的大好年华。他回来了，他填《满江红》的词，为共和欢呼；他主编《太平洋报》，倡导先进的思想和崭新的文化。他长久压抑的生命在这片心中的乐土上重新丰润开来。

有爱不觉天涯远。她随他，来了，告别了那满树的樱花，来到这陌生的国度。她不怨他，她爱他，尊重他的选择。她站在那个男人的身后，把头深深地低进了尘埃里。为了他，她甘愿在这异国他乡忍受寂寞与孤独，只为心中那一纸“执子之手，与子偕老”的爱情之约。

然而，他的热情与她无怨无悔的付出并未得到时局的认同，军阀割据的残酷现实，让他不得不在报社被关闭后移师江浙。

她又一次地跟了他，亦步亦趋。他就是她的家，有他在，她便是幸福快乐的。

他在学堂里教书育人，培养了一代名画家丰子恺与一代音乐家刘质平等文化名人。他仰慕佛法之宏大，终于在某一日，抛却红尘，至虎跑寺断食数日，身心灵化，遁入空门，法号弘一，从此一心向佛，普度众生。

当满头的青丝坠落，他从荣华富贵中抽身而去，俗世所有的绚烂都化作了脱俗后的平淡，而他对她的小爱，也必将从此转变成对天下苍生的大爱。

她爱他、敬他，可她的内心却还没有强大到可以静如止水地目送着爱情的离去。她流泪，百思却找不到答案。她不舍，她不服，追至他剃度修行的地方。于是，那一个早晨的西子湖畔，两舟相向时，便有了这样的一段对话。

她唤他："叔同——"

他驳她："请叫我弘一。"

她强忍着满眶的泪："弘一法师，请告诉我什么是爱?"

他回她："爱，就是慈悲。"

雪子固执而绝望地看着他的眼睛，心底的疼痛像秋日的湖水，柔软绵长，凉意无限。她知道，不过是一个转身的距离，从此，便注定红尘相隔。她的爱，她的哀，她的悲，她的泪，从此都将成为这段爱情最后的华章。但就在那个早晨，雪子毅然决然地放手了，晨光闪耀在她的泪水中，却也将坚强刻在了她的心中。

人生箴言：爱不能成为牵绊，所以要选择放弃，从容的让彼此走彼此的世界，只要心中有爱，缘起缘落都是美好。放手爱情，在成就对方的时候，也成就自己。爱情不一定是要占有，爱可以这样勇敢，因为幸福也可以是一个人的。

迟到了三十年的幸福

如果你已经困在不幸福的婚姻中30年了，从风华正茂的30岁到蹒跚衰老的60岁，然而，现在机会来了，你是否还有勇气放手?

"毫无疑问，我不会放手，我会继续将自己围困在其中，直到生命的最后一刻"，你可能会这样说，可是，看完这个故事之后，不知道你还会不会这样坚定。

有一个男人和一个女人，都是知识分子，经别人介绍，他们结了婚。

在那个年代，很少有先恋爱，再结婚的，何况年轻的时候，容易盲目，盲目地结婚，盲目地生孩子，盲目地过了一辈子。

他们也一样，生了三个孩子，一直在吵架，一直在打闹，闹了很多次离婚，分居很多次。后来，一个孩子说："如果你们再闹，我就自杀。"

他们不再闹了，那时，他们只有 30 岁，于是，他们有了一个约定，等到 60 岁时，孩子们长大了，他们也该退休了，一定要找到自己的爱情和生活。

这是两个人的秘密，没有和任何人提起过。

男人喜欢沉稳安静的女人，陪他在一起听戏、聊天，他不喜欢张扬的女人。

女人喜欢热闹，觉得像男人那样活一辈子，太委屈自己，至少他不是她的意中人。

60 岁这年，他们都已退休，接着办好离婚手续。此时，儿女们全在国外。

好多人笑话他们："60 岁的人了，离什么婚呀，这不是有病吗?"

他们平静地分手，所有财产一分为二，男人搬到乡下。他早就有一个梦想，在有山有水的地方，盖两间小屋，种点儿小菜、小花，喝点儿小酒，听点儿小戏，过一过门前种花、屋后种树的生活。再有一个温柔的女人，那就更好，他的要求不多。

女人不愿意住在郊区，她搬到城市最热闹的地方，离超市五分钟，方便；离广场三分钟，方便；离街心公园十分钟，方便，而且到处是人，多热闹。

一年后，他们找到各自的老伴儿。

男人找的老伴，是村里的一个老太太，不好看，没文化，老头在前两年死了，她一个人过，也爱种种花、养养猫啊狗的。一来二去，两个人结婚了，一起种点儿小菜，听听戏，老太太话不多，特别温柔，男人说什么

就是什么。两个人一起散步，女人跟在后面，他说什么，她就说“嗯”。男人想，这一辈子，自己就想要这么一个女人，多好呀。

女人也结婚了，找了一个早晨在广场上跳舞认识的男人。他是老留学生，作风洋派。一看这个女人，就觉得有意思，活得多自在啊，热闹。热闹就是生活啊，他也单身，一个人生活多年，就喜欢热闹，在午后凑个场子，四五个人，再打打麻将，多么美妙的生活啊。

他和她都觉得幸福无比。

有人说，看那个男人多没品位，怎么找了一个乡下老太太？男人不解释。因为这个乡下老太太不漂亮、不风情，可是，她是他心灵的港湾，明白他、懂得他，在世上，还有比懂得更重要的事情吗？

他们像朋友一样走动起来。

女人说：“多亏我们离婚了，现在我们多好，否则，就是对方的监狱。”

男人说：“离了婚我才知道，原来，我想过这样的一种生活。”

看完这个故事，“原来我想过这样一种生活”，男人的那句话久久萦绕我们的脑海中。对于一份迟来了30年的爱情，那幸福是多么令人感动啊！历经30年的风雨，放手并不是那么容易，但却是给彼此的最好的礼物。因为，放手后的他们都找到了自己的真爱，得到了一份迟了30年的幸福。庆幸他们都懂得，即使到了最后一刻，给彼此自由是一种无法比拟的幸福。或许这也是30年累积的一份感激吧！

人生箴言：爱有很多种，不适合自己的爱，该放手时就放手吧，即使迟了一点，但也是最幸福的！

都是固执惹的祸

人生需要淡定，爱情更是如此。人生有很多无谓的错过，有时是因为固执地坚持了不该坚持的。如果恋爱中的男女能平心静气，放下那份固执，那么爱情之花将会永开不谢，人生将会多一些幸福。

她和他是一对幸福的恋人。一天她过生日，他在她生日的聚会上送给她一只可爱的毛毛熊。在各种生日礼物中，这根本算不上是礼物，去年他在她生日的时候就送了她一把很名贵的藏刀。在她想来，男友应该送给自己更名贵的礼物。于是她有些生气，也许更多的是愤怒，没想到自己男朋友这么小气，今天是她的生日，还来了这么多朋友。朋友看到她的情绪，劝解她说："这么可爱的礼物，你怎么会不喜欢呢?"可她却认为这是男友不再重视自己才这么敷衍自己的生日。

面对女友愤怒的眼神，他只是笑，她在聚会中喝了很多酒，而他只是在旁边静静地喝着可乐。聚会结束，他们要回到自己的小家，上了高速，她一直在埋怨，车的后排座放了很多名贵的礼物，当然还有那只毛毛熊。她开始抱怨男友不爱她，不珍惜他们的感情，他只是静静地开着车，什么也没有说，偶尔会有一丝笑在脸上。

酒精在冲动的驱使下发作了。她吐了，他靠边停了车，她大发脾气，指责他给了她这样一个不愉快的生日，说了一些很伤感情的话语。他一直无语，只是一只手拿着纸巾，一只手拿着矿泉水。她突然跑到了主路上，他没有拉住她，两个人就这样在公路上拉扯着。突然，一辆飞驰的快车直奔两个人行驶过来，他想都没想地扔掉了手中的东西，推开了她。她的头

重重地摔到了地上，等她苏醒的时候，她已经躺在了医院，头上绑着绷带。那辆飞速行驶汽车的司机酒后驾车。

他被撞出了十几米，当 120 到的时候，他嘴里一边涌着血一直说着：“别管我，看我女朋友怎么样?”

到了医院，他已经去了另一个世界。他最后的牵挂是毛毛熊，毛毛熊在他的要求下，被医护人员带上了救护车，他在这个世界上最后的一段路，就是这只小熊一直陪着他。

她得知男友离去的消息，一直在哭，昏过去好几次。一个有心的护士把小熊送到了她的枕边。

她再一次从昏厥中醒来，看着小熊，上边似乎有着他的体温，她紧紧地把它抱在了胸前，轻轻地抚摩着它，突然摸到一件很硬的东西。她从小熊的口袋里摸出了一件东西，一个戒指盒，里面有一枚漂亮的钻石戒指。看到这一切，她彻底崩溃了，她拼命哭，用力地撕着自己的头发和头上的绷带，但是一切似乎都没有意义了。

曾经的一切一切，都是那么得幸福，可是她却身在福中不知福，固执地认为男友送毛毛熊给自己是因为不再爱自己了，于是和男友赌气，拼命喝酒，然后跑到高速上耍起了酒疯，白白牺牲了男孩的生命，葬送了自己的幸福。这一切的一切的根源完全来自于女孩的固执，如果她能冷静地去分析和面对，那么也就不会发生这悲惨的一幕一幕。

很多情况下，我们没必要固执地坚持自己的观点，以冷静、淡定的心态去面对一切，幸福来得不是更容易些吗?

人生箴言：李碧华说，有些感情是指甲，剪掉了还会重生，无关痛痒；而有些感情是牙齿，失去以后永远有个疼痛的伤口无法弥补。学会淡定，不要因为固执而空留下一生的遗憾!

有爱降临在面前

爱情不拘一格，别过于注重形式。譬如媒妁，否则，你可能与一生的幸福失之交臂，将爱人冷漠愚蠢地拒之于门外。

没有想到，她最终还是以相亲这种老旧呆板的方式找到了属于自己的爱情。这多少有点儿不可思议，因为这种方式曾经是她竭力反对并且嗤之以鼻的。

那天，她接到女友的电话。

热心的女友已三番五次督促她去见面："哎，你去见见嘛！他确实挺好的，你相信我的眼光!"见她磨磨蹭蹭、推三阻四的，火爆性情的女友使起了"激将"法："你看看你，都要嫁不出去了，一天天还傲慢什么，快来吧!"待在闺中悠游自在的她居然令人如此焦虑不堪，令人不忍。事已至此，无论如何盛情难却，纵使赴汤蹈火，也得咬紧牙关，大有一番壮士一去不复返的豪迈之气。

这次见面的方式有点儿特殊。煞有介事的媒人让他们两个素未谋面的陌路人单线联络。事情还算顺利，隔着长长的电话线，那端传来一个男性陌生、温和而低沉的嗓音。不知道这样一副嗓音的人究竟是何模样，她的好奇心开始作祟，和他约定某时在某车站见面。

"我没见过你，无法确定谁是你，怎么办?"脑海浮想着电影或文学作品中常见的，两人见面各自手执一枝红玫瑰的拙劣滑稽场景，她甚至带有几分幸灾乐祸的意味考问他。"简单，对暗号！你说'天王盖地虎'，我对'宝塔镇河妖'，行吗?"他到很干脆地回答，不迟疑，不拘谨，是她喜

欢的为人处世风格。但他的回答也着实令她惊诧，哭笑不得。

如约赶往车站。远远地，她看到约定的汽车站牌下有一人，着灰色外衣，像等人的样子。是他！她径直走到他的面前，微笑着："是我，你等的就是我!"没有丝毫迟疑，干净利落。他只是笑了笑，没有说话，显得那样气定神闲。他有着一张方正的脸，浓眉大眼，肤色较黑，个头不高，比实际年龄老成持重一些。她跟他说话时，他总是不动声色的表情、平和的目光和浅浅的笑意，沉稳且自然。

鬼使神差，一瞬间，冥冥中仿佛被一种强大而无形的力量所牵引驱使一般，使她欲罢不能。

莫非真是一眼定乾坤?

缘分如此古怪神奇。曾经众里寻他，千帆过尽，等待寂寞而漫长，而一旦爱情降临，却又疾如迅雷，以不及掩耳之势。

她和他朝着一个方向走，没有说去哪里，去做什么，只是长街信步，随便闲聊。路人眼中的他们一定俨然一副旧识模样，谈话也丝毫不似初识者之间的别扭和困难。

边走边说，不知不觉，已是夜幕渐沉，华灯初上。她说："天色晚了，该回家了。"这样告别，似乎没有结局的草率收场，还留下意犹未决的悬念。不出她的意料，他很直率但巧妙地问："你觉得我还有没有再给你打电话的必要?"一时，她竟语塞，但绝非犹疑。只是一刹那，她心里蓦然想到女孩子一定要矜持，要稳重，别过于热情……

把握怎样的温度分寸比较合适？她急中生智，另辟蹊径："你说呢?"把伏笔还给他。

"我觉得很有必要。"他以不容置疑的口吻。山重水复，又一派柳暗花明。

大功告成，她伸手拦了一辆车，然后上去，隔着玻璃向他再见。他微笑依然。车辆徐徐启动，他的面容逐渐模糊，身影被淹没在沉沉的暮色里。但她知道，他却从此深深镌刻在了自己的心灵深处。

对于相亲，相信每个现代人都是怀着无比厌倦和排斥的。像一个疲惫的旅人，走得越久，看得越多，倦怠了心情，忽略了景致，总不见传言的美不胜收，伤心而怅惘。

其实，爱情就如此神奇，在未知的时刻、未知的地点，以出其不意的方式，让你和她不期而遇。有时甚至可能在最墨守成规、落入俗套的形式里惊见。

人生箴言：人们一直所期盼和幻想着的，是偶然邂逅、一见钟情的爱情奇迹。根本无须丝毫人为的刀凿斧刻的痕迹、处心积虑的预备动作，如临一场粉墨登场的表演——只是静静地，自然而然地，像是什么事情也没有发生，两目相触间，内心世界已然面临天崩地裂的巨变和震撼。

然而事实证明，那种由月下老人牵线搭桥的陈旧方式并不拒绝爱情，并不拒绝一见倾心，它绝对没有令人失望。

幸福就在转身后

爱情没有那么累，幸福也没有那么难。很多东西，当你坦然面对，勇敢的放弃时，或许你会得到更多，爱情也一样，不要患得患失，只要你勇敢转身，相信下一个幸福的就是你。

她，青春靓丽，才华横溢，23岁那年，她爱上了一个离婚的男人。那个男人比她大了她8岁，浑身上下散发着成熟男人的魅力，他非常善于揣摩女人的心思，对她很照顾，也很温柔体贴，这使她很自然地便陷了进去。但是他对别的女人也一样的好——在和她交往的同时，他还和另外一

个女人纠缠不清。这些都是她知道的，但是她有信心，她不相信自己的优雅美丽和聪明才华敌不过那个平庸的女人。

两人在一起时，他总是很细心地照顾她。他有一手好厨艺，做的菜总是色香味俱全，只要是她想吃的菜，他总会做得很好。他知道她喜欢什么，也知道她需要什么，这让她很开心，觉得他是懂得她的。但是因为有另一个人存在，无论怎样快乐，怎样的温馨，心里总是会有阴影的。每当他体贴关心她时，她会不由自主地想：他对另外一个女人是不是也这样的贴心，这样的细致？他买了礼物送给她时，她一定要追根问底："是不是买了更好的给那个她?"

慢慢地发展到最后，只要他们一说起来，话题便很自然地绕到另外那个她身上。就这样周而复始，渐渐地便陷入了不能自拔恶性循环，她步步紧逼地怀疑质问，他费尽心思地自圆其说，使得他们在一起的时候只有吵架，已经没有多少快乐可言了。

就这样整整过了三年，她把最美丽的青春年华都给了他。她却从一个自信开朗的女孩儿变得敏感多疑，幽怨固执。朋友们都劝她趁早离开那个男人，开始另一场恋爱，再这样下去，是等不到什么结果的。她不肯，她说："我一定要等下去，我不能输给那个女人。"

那年6月的时候，她回家为父亲过生日。父亲是个老工人，退休后在家没有别的事做，就把她弃置不用的台式电脑重新接上了网，每天在网上看看新闻，找几个棋友一起下下棋。这天，她实在闲着无聊，看父亲在网上下棋，就凑上去爬父亲身后观战。父亲正在下象棋，她也会象棋，虽然不是高手，但也不差。她看得手痒，在一旁跃跃欲试。父亲便让她来，她下了三局，结果竟然是三局皆输，不禁大为懊恼。父亲在一旁看着她，笑着说道："你知道为什么你会输吗？你什么都不舍得丢，结果老将都难保。困难的时候丢卒保车，才是取胜之道，要舍得放弃那些不重要的棋子，才能保存力量继续往前走。懂得必要的放弃，才是真正的高手。"

她听着父亲的话，猛然间犹如醍醐灌顶。

回去后，她和那个男人干净利落地分了手。从那段感情中跳出来后她才看清楚，原来自己竟然在那摊浑水里趟了那么久，明明知道回头是岸，就是不肯上来。从此以后她改了发型，买了新的衣服，换了新的手机号码，和过去的一切彻底告别。不久，她就发现身边有个默默的他，一直都在陪伴、守护着她……

不要觉得她的 Happy ending 是童话，童话在生活中也是实实在在存在的。如果你有着和她类似的遭遇，那还等什么呢，痛快的爱，也请淡定的放弃。转身离开的那一秒，或许会有眼泪，会有心痛，但那都是在为你的过去祭奠，也是在为你的幸福祈祷。相信自己，你会洒脱的对过去挥手，然后以最美的笑容迎接余下的幸福生活！

人生箴言：舍得舍得，有舍才有得。生活如此，感情亦是如此。既要勇敢地爱，又要能果断地退，在明知没有结果而又痛苦的情况下，就要果断地快刀斩乱麻，淡定地跟过去说再见，不要在患得患失之间，失去更多本应该属于你的幸福。

第七章
婚姻是条绳，这头牵着你，那头拴着我

婚姻是爱情的升华，在婚姻的长河里，我们需要手牵手，肩并肩，共同走过风风雨雨。婚姻里的夫妻本是一体，一荣俱荣，一损俱损。少了男人的关怀，女人的日子过得没有滋味；少了女人的宽容，男人的日子过得没有激情。因此，婚姻是条绳，这头牵着你，那头拴着我。

“河东狮吼”要不得

苗刚强是报社的编辑，妻子金雅丽爱他爱得不可商量。忽然有一天，在帮助丈夫清理书桌时，发现一封厚厚的信，字迹秀丽，金雅丽不能不看个明白。打开一看，竟然是女人的信，并附有照片一张，字里行间充满对苗刚强的崇拜之情，并且“你的才华令我倾倒”、“让我们交个朋友”、“我们什么时候能真正见面”，等等。金雅丽看后大哭大闹，饭不做，觉不睡，逼着男人说个一清二白。

苗刚强说他当编辑，常有这种不明事理的傻丫头来信说些不着边际的话，自己的心怎么会由此而转移。苗刚强对那信看也不看，一把火点着烧了。金雅丽才慢慢爬下床去给丈夫做饭。

但是，阴影从此在金雅丽心上留下了。女伴们更在她耳边嘀咕：“男人成了名，千万要锁住他，否则他就要飞。”

于是金雅丽开始实行封锁。

一个电话打来，是请苗刚强参加一个文学研讨会的，女人的声音。既然是女人，金雅丽就回答：“苗刚强不在本地，去上海了。”

从此以后，只要有女人发出的邀请，苗刚强都是“不在本地”。一连半个月，苗刚强上海、南京、海南、西藏、贵州、哈尔滨全去过。金雅丽的地理知识虽然浅，但要应付这些女人声音的电话，她估计还是满够用的。

但是找苗刚强的女人，不仅仅是在电话线上，有时也登门拜访，金雅丽此时便使脸色，只要来访的是女人，越漂亮，她的脸色就越难看，坐的时间稍长一点儿，她的语言也就越难听。

丈夫的外事活动很多：新闻发布会，企业联谊会、读者讨论会、名家茶话会、新星沙龙……每次回来，都是一番审问，只要可疑，金雅丽就大发雷霆。苗刚强啼笑皆非，只好削减自己的外事计划。但是有些活动不能不去，一去，便惹来无穷的烦恼。所以，凡有外事活动，只要金雅丽有一点点“跟随”的表示，苗刚强都是百般热情地携带。然而，金雅丽仍不放心，那些没有跟随可能的活动，金雅丽就“盯梢”。

开始，对金雅丽的封锁，苗刚强也没在意。久而久之，感觉自己成了一个犯人：无自由、无权利、无隐私、无业余时间。他确实有些接受不了，对她的近乎“粗暴”的爱，感到惊愕和难堪，但是一想到彼此是夫妻，也就默认了。

金雅丽对苗刚强的封锁持之以恒，毫不松懈，并慢慢形成了这样一些不成文的规定：一、不许和女人跳舞；二、不准单独和女人约会，更禁止单独交谈；三、不准给女性看稿子；四、每天必须九点钟以前回家，如有特例，要报告批准；五、最好不参加什么作者舞会、周末沙龙之类的活动。面对这些苛刻的清规戒律，苗刚强怒火中烧，但念起彼此是夫妻，又认了。

认是认了，但苗刚强的心却生出许多疙瘩，他越来越羡慕同事们的“自由”。每当收到请柬的时候，去，还是不去，都成了他艰难的选择。他觉得这问题比哈姆雷特碰上的问题复杂得多，难缠得多，深刻得多。所以，此时他要是选择了“去”，那会议上，肯定是百般地心神不宁，回家的路上又是百般地慌恐。要是选择了“不去”，他回家的路上不再心神不宁，不再慌恐，但是又平添一肚子的闷气憋气怒气窝囊气。所以，他去也不是滋味，不去也不是滋味。

一段时间以后，苗刚强的请柬来的少了。有一段时间，几乎一个“会”也没有。最初他感到心安，因为不必面临哈姆雷特的困境了。渐渐地他发觉不对劲儿，原来的热线关系怎么一下子都断了。

一天，他偶然下楼，路过收发室，他一下怔住了，突然明白了“热线”断线的原因。原来是妻子金雅丽一手制造了这些“断线”事件。他看见妻子的手里正捧着一堆寄给他的稿件、信函、邀请、通知。

他没有说话，只是呆呆地看着妻子，看着妻子的手，看着妻子手内的乱七八糟的信函，看着妻子惶恐、羞愧同时又充满爱意的眼睛。

这时他当然又想到他们俩是夫妻，但是这一回他“认”还是“不认”？这又成了他要面临的最复杂、最难缠、最深刻的问题了。

人生箴言：一个男人，如果在外呼风唤雨，在家处处受气，处处受制，这是特别悲哀的一件事。夫妻两人不做“床头跪”和“河东狮吼”，家庭才会幸福，事业才会发达。

幸福是一盆洗脚水

有这样一个故事：

直到毕业的最后一天，他们的手仍紧紧相扣在一起。最后，他背着简单的行装随着心爱的人到了她落脚的地方，谋了一个不尽人意的职业。

他们结婚了。结婚似乎使一切趋于了真实——是令人沮丧的真实。她渐渐发现自己选择的伴侣是多么平庸的一个人：笨拙、木讷，没有社会活动能力，有时还突发蛮不讲理的暴躁。她慢慢地任性起来，言谈举止间流露出对他的厌倦和不耐烦。

相爱的人总是很敏感的。他很快觉察到了她的变化并领悟了变化的缘由。但他什么也没有说，可该来的还是要来的。

一天下午，几位大学时的同学来他们的小家闲坐。交谈中不时聊到哪位同学成了“大款”，哪位校友仕途顺达，哪位“名花”高嫁权门等话题，似乎那些昔日还衣衫黯淡的难兄难弟们转眼间都已脱胎换骨直上青云。小夫妻附和朋友的言语，脸上都有些讪讪的。朋友走后，她窝在沙发里，一声不吭。

“怎么了?”他轻轻地问。

她长叹了一声：“没劲。”

“别多想了，比上不足，比下有余。过日子就得平平实实。”

“平实?那为什么有那么多人住着洋房、开着私家车、放着影碟、吃着海鲜?人家怎么不满足平平实实?”

“各有各的生活方式。”

“我就看不惯咱们的生活方式！没本事没能耐过上好日子，还口口声声地说什么‘平实’，无聊!”

“我看你每天想的东西才无聊呢!”男人重重地甩出一句话，摔门而出。

她愣了愣，委屈地失声痛哭起来。她哭了很久很久，渐渐睡着了。睡梦中她感到一阵阵温暖传遍全身。当她睁开眼睛时，看见男人蹲在沙发前，正细心地给她洗脚。就在这时，她心中不由怦然一动，说良心话，他是很疼她的，这个身处异地的男人为她众叛亲离来到这里，不是一件容易的事。他为她付出的太多了。

但是凡事有了开头，就会一而再，再而三地发生。他们之间很快就有了第二次、第三次争吵，并且越来越频繁，越来越激烈，和解也显得越来越勉强，越来越无奈。每次都是她挑战，每次都是他妥协。他以极大的耐性和张力容纳着她，然而最后两个人都累了，于是他们找到了一种最好的和解方式——离婚。

去法院办理离婚手续的前夜，男人照例端来一盆温热的洗脚水。

“咱们各人洗各人的吧。”她冷冷地说。

“让我再为你洗一次吧，这也许是最后一次了。”她的心忍不住一颤，慢慢地脱下鞋袜，伸出脚去。

“你知道我在想什么吗?”她不语。“我想一下子把你的脚扭断。”她仍不语。“可是我不忍心，因为这样做虽然有可能留住你的人，却再也不会留住你的心了。”

“现在你已经留不住我的心了，咱们完了。”女人冷淡地说。

“我知道。”男人点头，当他端起洗脚水向屋外走去时，忽然转过身来：“不过，我也想要你记住，生活真的很平实，生活中的爱情也是一样。它们平实得就如我手中的这盆洗脚水，有点儿杂质，有点儿浑浊，甚至有点儿异味和脏物，可你不能不承认你洗脚时的感觉是醉人的。”

“把它倒了吧，不要再为自己找理由了。”女人直直地盯着他。

离婚后的女人如出笼的飞燕，很快奔波到南方闯荡自己的天下。数年之后，她已小有成就、小有财产、小有地位和小有名气。她认识了许多男人，他们送给她不少时髦女人用的东西，而她总是淡然以对，总觉得这些男人缺了点儿什么。

一个深秋的夜晚，她因生意的缘故滞居在某个小城里，宾馆条件不好，早早地停了水。她向服务员要了两壶开水，开始泡脚，她已经很久没泡过脚了。当她把脚伸入水中，一种温暖而舒适的感觉即刻传遍全身。在这一刹那，她忽然想起了那个常常为她洗脚的男人，想起他为她洗脚、抠她脚心逗她发笑的情景，想起他为她洗完最后一次脚时说的那番话。多少年了，留在她心里的却还是他，他的迁就，他的宠纵，他的体贴，他的无微不至的怜爱……

生活就是这样。有意追逐幸福的时候，幸福便飘然远离。当我们在人生路途上疲于奔波之后，偶有闲暇，回望早已逝去的岁月，幸福就在追忆与怀想中闪烁隐现，然后定格，频频向我们招手，再苦再累的往事都变得

那么香甜，那么意味醇美。

人生箴言：种下金币不一定收获金币，种下幸福也未必能获得幸福。谁播种了一颗平常心，谁用幸福眼看世界，谁就将拥有幸福。最重要的不在于播种后的收获，而在于播种的过程，幸福是一方常耕常新的独园。

爱是花，情是叶

为了显示夫妻间的绝对信任，他们的房间里没有一件带锁的东西。结婚两年来，夫妻之间也曾有过这样或那样的磨擦，但是这都是微不足道的。因为爱情的主旋律还在，他爱她，她也爱他。

那天傍晚，秀梅早早做好饭等着丈夫回来，干坐着等觉得很无聊，突然很想听听歌，于是她进了丈夫的书房找磁带。丈夫的书房秀梅一般是不进来的，她不爱好文学，她也怕把丈夫放好的东西弄乱了，但是她曾听到过丈夫的书房里传出过音乐的声音。

她看了一下，走到了写字台边，很自然地她拉开了右面的抽屉。抽屉里果然有几盒磁带，她挑了一盒张宇的，心里还暗笑，他们是如此地息息相通。

抽屉的深处有一个红色的小本子，原来是一本护照。

然而，婚姻状况一栏竟是“离异”二字。她惊呆了，她做梦也没想到自己深爱了两年之久的他竟是一个离了婚的男人!

混乱的头脑里闪过他们相识相恋的片断，她的心逐渐往下沉，反反复复只想着一句话：他欺骗了我!竟连如此重要的生活经历也隐瞒了!

她无法让自己平静下来，焦躁地在屋里走来走去，甚至愤怒得想要把那一桌做好的饭菜全都倒掉。

她颓然地坐在沙发上。

头脑中一片空白，但是一个声音反复的响来响去。欺骗！欺骗……

她几乎麻木了，就这样傻坐着一直到丈夫下班回来。他一进门就发现了她的情绪反常，她只是敷衍说身体不舒服。

吃过饭，他关切地对神不守舍的她说："不舒服就早点儿睡吧。"可她却辗转反侧，彻夜难眠。而此时，他房间里的灯也一直亮到凌晨。

秀梅赖在床上没有起床，没有像往常一样为他准备早点，更不敢让他看到她哭肿的双眼。等到丈夫去上班后，她立即起身收拾好自己的衣物，甚至连一张字条也没留就走了。

他打来的电话秀梅不肯接听，他寄来的特快专递，她签上了"查无此人"。她固执地拒绝他的任何解释，然而，她仍是常常想他，在夜深人静的黑暗之中，恨恨地想他。

很快秀梅有了一份工作，尽管薪水非常低，尽管工作非常累，但她还是接受了。只有这样才能让自己忘掉过去。

一个深秋的夜晚，一个陌生的电话打了过来。对方自称是他的朋友。他说他已经走了，有些东西让他无论如何交给她，首先是一封信：

亲爱的梅：

我知道我让你伤心了，我的欺骗让你无法包容。其实，当年刚开始认识你的时候就想向你解释，但我担心"离婚"这两个字会吓到你。我不想失去你，于是我一拖再拖，想用一种委婉曲折的方式让你看到。原想你看到后会大发雷霆，这正是我所期望的，可是你没有。我知道不可能面对面把这件事讲清楚，于是我给你写了封很长的信。那天晚上亮到凌晨的灯就是在给你写信，我希望第二天我去上班后，你能看到这封信，并能原谅我。

然而，我没想到第二天一早你就走了，我摆放在桌上的那封长达十几页的信纸你没有看到。我把信寄给你，却被你退了回来。

我想找你解释清楚，可是我没有勇气面对你。隐藏了那么长时间的伤痛又开始折磨我了，“离婚”成了我人生中最沉重的包袱。

但是想你的心却一天胜过一天，我在自卑里挣扎，在想你中折磨着自己。所以我走了，我不知道要到哪里。把房钥匙留给你吧，那是我们的家，我们曾经心爱的家。我不知道什么时候回来，也许永远不会回来了。但是无论走到哪里，我的心里都装着你。

冰冷的泪水一串串地往下掉，她猛地起身开始收拾东西，她要回家。她相信他会回来，一定会回来。

每个人都可能结婚，但并不是每个人都能拥有爱情。后来的日子，秀梅平静地上下班，回到家后开始做饭，收拾屋子，给人的感觉那是一个实实在在的家。的确，多年以后的一个周末，秀梅和丈夫领着淘气的儿子在游乐场里跑来跑去，好一幅幸福的画面。

人的一生中最有意义的时光是被真挚地爱着且回报以自己的真挚。如果爱情受到条件的左右，又受到理智的控制，这种爱未免有些商品的意味。

爱情是美丽的。爱是花，情是花的叶子。花朵是最真实最热烈的展现，叶子是含蓄自然的衬托。即使花朵凋谢，叶子也会捧着那份曾经的灿烂很久很久。

人生箴言：爱者的幸福不在于结果会是怎样，而在于爱的本身，那种追求、投入、付出、回味、等待的过程，就充满了无以言说的快感。就像秀梅，她懂得了丈夫对她的爱，她也明白了自己依然爱着丈夫，所以她一直等待他的归来。他曾经离过婚又会怎样，关键的是他们现在已经结了婚。一结婚，心就结在了一起。

给爱一个缓冲期

经过十几年的职场拼搏，蔡国庆终于算事业小有成就了，作为一个部门经理，其经济地位和社会地位与日俱增，身边更有年轻貌美的美眉们暗送秋波。蔡国庆是一个极为性情的人，对此他也是觉得惬意消魂。

蔡国庆的婚龄已经进入了第12个年头，孩子已经大到无须大人过多操心的地步，结发之妻更是熟悉的都到了骨子里了。如果把现在的生活比喻为一杯白开水再恰当不过了，每次回家蔡国庆总是提不起精神。于是他和某些男人一样，经常深夜“加班”，不为别的，只为不回家面对那份平淡和乏味。

天天在外面混，时间久了，总会有故事发生，一来二去和一个叫做方罗琴的女孩产生了感情。方罗琴有一个让其他女孩儿羡慕的学历，有一份轻闲又高薪的工作。更重要的是其长得白皙貌美，比蔡国庆小十岁，但是她说她喜欢蔡国庆，问她为什么，她说不为什么，喜欢就是喜欢。喝惯了白开水，谁不觉得绿茶的清新可人，新鲜刺激呢？交往半年，他们就发展到如胶似漆的境地。方罗琴一遍又一遍地说着她想嫁给他。蔡国庆更想娶她，可是结婚这么多年并没有大的矛盾，感情基础也算牢固，但是他一想，人只有几十年的活头，何必太委屈自己呢？离！

蔡国庆很想一直喝绿茶，不再喝白开水。他决定向妻子摊牌，在一个周末的晚上，蔡国庆吞吞吐吐地说完了心中的想法，妻子听完后深深地看了蔡国庆一眼，然后低头冲进了卧室。直到第二天早上才打开房门，眼圈红肿地站在蔡国庆的面前说：“我同意离婚，但你必须完成一个任务。”

蔡国庆暗喜，没想到这么顺利。妻又说：“记得我们结婚之前，每次上下楼梯你都牵着我的手走，可不可以在剩下的一个月的时间里还像那时候一样，忘记我们即将要离婚，像婚前一样快乐。到了一个月后，我会和你离婚的。”蔡国庆简直兴奋极了，这是一个多么简单又容易完成的任务啊!

此后的一个月里，每天上班下班他们都一起牵着手下楼上楼，刚开始蔡国庆没有什么感觉，只觉得手里多了一样东西而已。可渐渐地就不同了，牵着手上下楼已经成了一种习惯，一次不牵手就感觉到没着没落的。有一次，下起了大雨，电闪雷鸣，蔡国庆站在一楼的楼道里等妻子下班，然后一起上楼。天气很冷，蔡国庆冷得发抖。妻子来了，牵着妻的手，一股暖流传遍了全身。默默地牵着手上楼，事又凑巧那天停电，楼里黑漆漆的，两个人的手攥得紧紧的。突然，一个霹雳之后划过一道闪电，妻子惧怕地钻到蔡国庆的怀里，与此同时蔡国庆也紧紧地把她抱在怀里。蔡国庆的心境渐渐起了变化，竟然觉得怀里的妻子还挺新鲜的，牵着妻子的手也挺浪漫的，仿佛与那个千篇一律的黄脸婆不一样了，两人时常在楼道里抱着，彼此凝望着。

蔡国庆忽然很害怕，害怕时间很快就走到一个月。他醒悟了，妻子与他的感情并没有裂痕，他是爱妻子的，妻子更爱他，只不过天长日久待在一起，两个人渐渐熟悉到熟视无睹的地步了。其实一方感到每天面对一张熟悉的不能再熟悉的脸，对方又何尝不是?

一个月过去了，蔡国庆给方罗琴写了封绝情信，跪在妻的面前请求原谅。

妻子像一杯白开水，天长日久了，淡而无味；外面的女人像一杯绿茶，甜而艳丽。绿茶固然好喝，但它附加了太多其他的成分；白开水虽然引不起视觉上的强烈效果，但解渴，有营养。

人生箴言：婚姻需要冷静，婚姻需要沉着。给婚姻一个缓冲期，让爱

在缓冲期内重新找回并迸发神奇的力量，这是对爱的负责，也是对自己和对人生的负责。

挥一挥手，不带走一片云彩

轻轻地我走了，正如我轻轻地来，我轻轻地招手，作别西天的云彩。

悄悄地我走了，正如我悄悄地来，我挥一挥衣袖，不带走一片云彩。

《再别康桥》是徐志摩的经典诗篇，描绘的是他对康桥的依依不舍，可是，我觉得用在张幼仪（他的结发妻子）身上，也十分贴切。

徐志摩第一次见到张幼仪的照片时，便撇下嘴，用嫌弃的口吻说“乡下土包子！”但是，家命难违，徐志摩还是和张幼仪结婚了。结婚后徐志摩对张幼仪的态度一点儿没变，一直都是鄙弃的。张幼仪就那样轻轻地来到徐志摩身边，又无声无息地呆在徐志摩身边，毫无怨言，不知道是不是爱情的力量使然，还是当时社会妇女的顺从思想使然，总之，张幼仪冷静地接受了这一切。

过了一段时间，徐志摩出国了，撇下张幼仪在家，帮公公婆婆打理一切。可是，在1920年，张幼仪也出国了，她再一次主动来到了徐志摩身边。关于张幼仪为什么会出国，有几种截然不同的说法。有人说是徐志摩思念妻子，写了一封信乞求父亲让张幼仪过去，于是张幼仪就远渡重洋来跟他团聚了。另外还有一种说法就是，张幼仪是徐志摩的父母送过去的，目的是想提醒徐志摩对家里的责任。后来验证，第二种说法是合情合理的。

三个星期以后，张幼仪乘坐的轮船终于驶进了马赛港的码头。“我斜

倚着尾甲板,不耐烦地等着上岸，然后看到徐志摩站在东张西望的人群里，就在这时候，我的心凉了一大截。他穿着一件瘦长的黑色毛大衣，脖子上围了条白丝巾。虽然我从没看过他穿西装的样子，可是我晓得那是他。他的态度我一眼就看得出来，不会搞错，因为他是那群接船的人当中惟一露出不想到那儿的表情的人。”看了张幼仪这段断肠的倾诉，我们就能知道徐志摩根本没有让张幼仪出国陪她的打算。

然而，这还只是开始。两人在沙士顿住下后，不久张幼仪就怀孕了，当他听到这个原本应该很开心的消息的时候，他却毫不犹豫地要张幼仪打掉这个孩子。那句话从他的口中是那么轻易地就说了出来，仿佛这件事与自己毫无瓜葛，还随即对一个孕妇提出了离婚的条件。因为当时徐志摩正在疯狂地追求林徽因。

怀孕中的张幼仪没有答应徐志摩的条件，徐志摩竟然一走了之，将张幼仪一个人撇在沙士顿。随着产期临近，无奈的张幼仪给二哥写信求助。二哥来到了巴黎，后又带张幼仪去了柏林，直到张幼仪生下了孩子。徐志摩明明知道张幼仪的去向，却故意不予理睬，直到办离婚手续时，才匆匆赶到柏林……

伤透了心的张幼仪最终选择了离婚，我认为这是再正确不过的事了。对于一个不爱自己的人，即使你付出再多也是无用的，苦苦的等待换来的只有痛苦。我们可怜张幼仪，埋怨徐志摩，可是不能责怪徐志摩，因为爱情本来就是自私的。

离婚后的张幼仪很快从悲痛中振作起来。不久，她进入裴斯塔洛齐学院学习，专攻幼儿教育，回国后创办云裳公司，主政上海女子储蓄银行，均大获成功。而徐志摩追求林徽因不成，后来又恋上了陆小曼，最终喜结连理。

离婚后的两人踏上了完全不同的两条人生轨迹，没有了彼此的牵绊，他们各自找到了属于自己的幸福。张幼仪投身事业，徐志摩仍将追求他的

爱情，两人各自在自己的天地里面尽情地绽放生命的美丽。

挥一挥手，带不走一片云彩，却可以带来一片幸福！

人生箴言：离婚对于一对并不幸福的夫妻来说不是灾难，而是幸福。与其固执地守候，不如淡然地分开，这对两人来说都是无尽的幸福。

婚姻不可太较真儿

托尔斯泰有句名言：“幸福的家庭都是相似的，不幸的家庭各有各的不幸。”

要创造良好的家庭氛围，首先必须加强夫妻双方的共同心理修养，做到互敬、互爱、互信、互帮、互慰、互勉、互让、互谅。夫妻之间要经常进行情感沟通，彼此相敬如宾，恩恩爱爱，相依为伴，使家庭成为生活中平静的港湾，在家里能得到鼓励，得到关心，得到欢乐，让家庭生活充满生气，充满绚丽的色彩。

一对年轻夫妻中的太太哭着跟朋友说：“你快来！我恨他！我要和他离婚!”当她的朋友快速赶到他们家时，他们吵得正厉害。

丈夫说：“她很无聊，我上班好累，她说晚上要去散步，我说改天，她就又哭又闹，真是讨厌!”

妻子说：“你才讨厌，我在家作牛作马，为这个家洗洗涮涮，为你做饭，为你生孩子，我只要求散步，你就会累死啦?”

妻子不满，继续说道：“哼！早知道生了小孩你不管，我根本就不生，我们女人为何辛苦生下孩子，就一定要负责孩子的一切，又不能出去

工作。”

丈夫说：“喂！生孩子又不是你一个人能办到，没有我你生什么。”

妻子说：“哼！你有何贡献?”

丈夫说：“哼！没有我的贡献你生什么?”

妻子说：“哈哈！你贡献了，那看看我们女人的贡献：我怀孕要忍耐呕吐，我要小心饮食，我连生病都不敢吃药，我要为肚里孩子注意一切，我怀孕行动不便，我不再能远行郊游，我要穿上大肚装，我要担心肚里孩子是否健康，我要定时去医院检查，我怀孕要破坏身材，我要烦恼妊娠纹的出现，生产后要努力恢复身材使丈夫不嫌弃，我要忍受疼痛……”

他沉默了。

这场架吵完了，想一想，好像事实真是如此。他什么都没说，只是将妻子抱了抱，对她说：“对不起，我没有考虑到你的感受，我会加倍爱你。”

他是个大度的男人，听了妻子的话，他发现自己妻子真的很辛苦。而他以前忽略了这一点，所以，当妻子对他发了一连串的“攻击”以后，他没有较真儿，而是选择了沉默和一个歉意的拥抱。

婚姻的日子要想长久，有时候是需要睁一只眼，闭一只眼的。彼此心知肚明就好了，往后的日子还长着呢。如果单纯为了洗刷清白而太过于较真，反而会失去得更多。

一对曾经非常相爱的小夫妻，后来因为一件小事而散伙了。离婚后，他们天各一方，各自走过了一条坎坷的人生旅途。他们后来的婚姻都不太美满，所以时时怀念年轻时的那段美好时光。如今白发爬上了他们的额头，一个偶然的机会，他们又相聚了。闲谈中他们谈起了那一件事。

男人问女人：“那天晚上，我来敲你的门，你为什么不开门?”

女人说：“我在门后等你。”

“等我？等我干什么?”男人说。

“等你敲第 10 下才开门——可你只敲了 9 下!”

男人和女人都为这件事后悔了。女人后悔自己过于执拗，她完全可以在男人敲第 9 下的时候把门打开，或者在他离去时把他叫回来，这样，她已经很有面子了，为什么非要坚持等那第 10 下不可呢?

男人呢?几十年后如梦初醒：原来那扇门并没有关死呀!可我为什么不继续敲下去呢?只要多敲一下，一切就会完全不同了啊!

这段遗憾仅缘于女人过于执著那多出来的一次敲门而已。因为她的执著，而把美好的爱情关在了门外，如果她能大度一点儿，不那么执著，她的爱情将是何其美丽！话又说回来，男人如果这次没敲开们，何不等明天再来试试呢？女人坚硬的心通常是被男人的坚持软化的，所以男人再稍微坚持一下，结局还会是这样吗?

人生箴言：婚姻不同于小孩子玩的过家家，说散就散。婚姻是男女双方爱情的见证，是情感的升华。对于这样来之不易的婚姻，我们千万不可太过较真儿，否则，感情就会产生细小裂缝，日久天长蚁穴溃堤，最终将难以修补。

或水或泥，都不可握太紧

婚姻是两个没有血脉相连的人，在机缘巧合下走到了一起，并成为最亲密的人。让两个陌生人之间有了比亲人还亲的距离的是爱情，而需要将爱情保持得更长久一些，首先需要给爱人以自由的空间，需要适当地放手。

刚刚结婚度完蜜月，就被老公扔在家里，不问一声，李凤倩想了想，自己也太不幸福了吧。于是，借晚上吃饭的机会对老公说：“我想要回娘家一趟，这个星期日，你陪我去好吗?”老公却一脸无奈，工作很忙，要加班，还有一个重要的客户没搞定……一大堆的理由，李凤倩给老公上了一晚上的“政治课”，最后才取得丈夫的同意。

事情过后，李凤倩想了想， 自己是不是太过自私了，如此与老公过日子也不是个办法，于是，她决定给老公松一下绑，让老公像一只小鸟那样自由地翱翔。决定之后，李凤倩不再像以前一样，老公不按时回家，就要老公对她解释两个小时。李凤倩便对老公不管也不问，听到老公的解释之后，也是一笑了之，对感兴趣的，也只是随便附和几句。

一天，李凤倩要加班，这时，老公明明知道，却打来电话说非要陪她去逛街。李凤倩想老公今生最怕的就是逛街，想想也罢，难得他想陪我逛街，何不满足一下他。

一下逛到了月亮爬上来，才想到回家，李凤倩看着老公所拎的大包小包都是自己的东西，突然对丈夫说：“这个衬衫你喜欢吗?”老公摇头说：“谢谢你，有你就足够了！以后我会像以前那样按时回家，每一个星期陪你逛一次街，每两周送你回娘家一次。”看着老公累得还没有自己走得快，李凤倩偷偷地哭了。

这就是放手的幸福。李凤倩的一次放手得来的是老公陪她逛街与以后的承诺，这些承诺并不是说说而已，是发自肺腑之言，完全是真心话。幸福是强求不来的，如果把老公管得严严的，只会让他徒增反感，加速婚姻解体的进程。相反，如果对他放手，放他自由，那就 会得到意想不到的幸福。人要学会满足，学会放弃一些不该紧握的东西，给婚姻中的另一个伴以呼吸空气的自由，学会舍去一些，这样才会有所得。

28 岁的姬文霞通过相亲认识了一个很不错的男人，由于两人互有好感，很快确立情侣关系并闪电般结婚。不过，最近姬文霞却很烦恼。她总

是跟男人为鸡毛蒜皮的事吵架，吵过后两人就开始冷战，后来还是姬文霞主动和解。姬文霞很喜欢男人，因怕他出轨，就对他看管很严。这天她上男人的QQ，想看男人的聊天记录，男人死活不让她看，还埋怨姬文霞猜忌心重、一点儿都不信任他。姬文霞承认是有点儿神经质了，因为他们刚谈恋爱的时候，男人和他前女友刚分手不久，虽然现在结婚了，但姬文霞总觉得他们还藕断丝连。一想到这些，姬文霞就更加不安，拼命搜索男人"作案"的蛛丝马迹。男人实在受不了她的24小时"监控"，两个人的关系越来越紧张。

姬文霞回家向妈妈抱怨。妈妈劝姬文霞："爱情就像手里的沙子，你攥得越紧就流得越快，当你把对方看得越紧，他就会离你越远。就像放风筝，手中的风筝线你拽得越紧它就越容易断，只有一松一紧才能把它放得更高更远，爱情就是这样，只有给它和空间和自由，才能持续得更长久。"

通过和妈妈这次贴心的交流，姬文霞终于明白是自己抓得太紧了，反而招致男人的反感。最后，她主动向男人承认了错误，挽救了自己的爱情。

淡定地放弃一些东西有时比得到一些东西更为重要。

人生箴言：有些东西真不能握得太紧，生活也如散步，需要一些弹性。女人是水做的，爱她就把她捧在掌心，如果把五指攥得紧紧，水反而会遁形；男人是泥捏的，爱他就要对他放心，柔水可劲泡，终会泡酥了身子，泡没了心情。

“最恩爱夫妻”奖

下面是一个真实而又感人的故事。

居委会要在所管辖的街道内评选一对最恩爱的夫妻，几经筛选后，有三对夫妻很幸运地被通知参加最后的评比。

评比当天，三对夫妻如约而来，都各自相拥在办公室外等待评委的召唤，第一对被请进办公室的夫妻所述的故事十分感人，妻子说自己前几年因意外而瘫痪在床，当听医生说她能站起来的可能性很小时，她绝望得几乎要自杀，而丈夫却任劳任怨地伺候她，没有半句怨言。最后，在丈夫的关爱下，她终于重新站起来了。评委听了都为之感动。

接着进去的是第二对夫妻，他俩不约而同地叙说在结婚的十几年里，他们一直相亲相爱、相敬如宾，从未因任何事情而红过脸，吵过架，评委听了暗暗点头。

轮到第三对夫妻了，却迟迟不见他们进来，评委有些不耐烦，就出去看怎么回事，只见他们依然静静地坐在门口的椅子上，男人的头靠在女人的右肩上，已经睡着了。当评委试图要叫醒那个男的时，却被女的阻止了，她小心地从包里拿出纸和笔，用左手写字，动作极其轻柔，生怕惊醒身边的丈夫，她的右肩纹丝不动，稳稳地托着丈夫的脑袋，写完后，轻轻地把纸条递给评委。

评委们看那纸条，因为字是女人用左手写的，所以字迹歪歪扭扭，但是大家还是看清了，上面是这么写的：别出声，我丈夫昨晚没有睡好。一个评委提起笔在后面续了一句话：我们要听你夫妻俩的讲述，不叫醒你丈

夫会影响我们的工作。女人接过纸和笔，又用左手歪歪扭扭地写下：那我们就不参加评比了，没有什么能比让我丈夫美美地睡上一觉更重要。评委们都惊骇了，这个女人为了不影响丈夫的睡觉，居然放弃评比，真是有点儿本末倒置。但他们还是决定等待一段时间。

一小时后，那个男人醒了，女人的右手终于能够活动了，她从包里掏出一块纸巾，想将男人嘴角流出的口水擦净，但手才举到半空，纸巾就掉了，男人惊问她怎么了，她温柔一笑，说："没事。"这时有个评委早就等不及了，拉上男人就往办公室走，女人这才伸出左手悄悄地按摩右肩，她见有几个评委在关切地看着她，便歉意地一笑，说："真的没事，是肩膀被他的头压得太久，麻了。"

男人被请进办公室后，评委们便问他怎么睡得这么沉。男人不好意思地笑笑，说："我家住在一楼，蚊子多。昨晚半夜的时候我被蚊子叮醒了，这才发现家里的蚊香用完了，半夜里也没有地方买，我怕妻子再被叮醒，所以我就为她赶蚊子了，后半宿就没有顾得上睡。"评委们听了后，许久默不作声。

评比的结果终于出来了，第一对夫妻评为"患难与共夫妻"，第二对夫妻评为"相敬如宾夫妻"，而真正最恩爱的夫妻却给了第三对夫妻。

的确，正是这样一个个平淡的爱情细节组成了婚姻生活。只要夫妻双方在每个生活细节里都演绎得爱意融融，情投意合，那么他们就能拥有完美幸福的婚姻。切记：爱不完全是用语言表达的，更重要的是生活中的实际行动。

人生箴言：在婚姻生活的每一个细节都注入爱意，从方方面面去关爱你的爱人，你就获得了完美的婚姻。

生活也许就是这样，幸福的婚姻不在于它是多么的浪漫和动人，更多的是真实而平淡的生活。在恬淡的生活中一起弹奏平铺直叙的乐章，是一

对相爱的人一生追求的幸福。

留一半清醒，留一半醉

常言所说的“大事要清楚，小事要糊涂”，即指对原则性问题要清楚，处理起来要有准则，而对生活中的一些小事，则不必认真计较。在日常生活中，我们对一些非原则性的不中听的话或看不惯的事，可以装作没听见、没看见，或是随听、随看、随忘，做到“三缄其口”。这种“小事糊涂”的做法，不仅可以应用到处世当中，对婚姻生活更是非常适用。

和丈夫相识10年，结婚7年，赵亚琴自己比较满意现在的幸福生活。可舌头和牙齿再好都有打架的时候，他们也吵也闹，吵过闹过之后很快就会忘记，因为他们都很在乎对方。唯有一件事，赵亚琴老是放不下，那就是丈夫的前女友。

她比他小4岁，分手后两人一直有书信往来。在赵亚琴与老公认识后不久，听说她就结婚了，她寄来了结婚照，信中称赵亚琴的丈夫为“亲爱的XX”，信中尽是对他们以往日子的眷恋。这些信件是赵亚琴无意中看到的，丈夫说如果不是她自己看到，他是不打算让她知道的，怕她胡思乱想。

赵亚琴总是对丈夫的一言一行很在意，虽然那个女人没有找丈夫出去过，但她还是生怕那个女人找上门来。丈夫说她心眼小，并保证自己是不会背叛她的。

赵亚琴本来有一个幸福的家庭，有个疼爱自己的丈夫，她本应过得舒舒服服、快快乐乐的，但是她却活得很累，因为总是担心自己的丈夫和旧

情人会死灰复燃。其实这完全没必要，因为对一件还没有发生的事而去担心，还不是杞人忧天吗？大可以“睁一只眼闭一只眼”，对自己和丈夫的感情充满信心。如果总是担心这担心那，那么时间久了，担心的事总会变成现实的。

徐凤仙与前夫同龄，今年33岁，都是硕士，他们是大学同学，徐凤仙之所以选择他是因为看重他的聪明才智，他的诚实忠厚。大学毕业后，他以优异的成绩考上了硕士研究生，而徐凤仙工作两年后也考上了研究生。

在这期间，他们走完了长达6年的恋爱历程，在一个只能放一张床、一张桌子的小屋筑起了爱巢。没有花车，没有婚礼，他们却坚信爱的真谛。婚后他们一起做饭、看电视、逛街，虽然没有很多钱，徐凤仙却感到无比快乐。几年前他走下讲台，下海经商。从此他们的收入逐渐增多，但感情却逐渐疏远。

2003年他们有了儿子，他为工作一出差就是几个月。冬天徐凤仙带着生病的儿子奔忙于医院，晚上休息不好，早上站在讲台上头昏眼花，但是爱支持着徐凤仙。后来他的事业越做越大，应酬越来越多，常常是深夜回家，因此他们时常吵架，时间长了，一点点耗尽了他们多年的感情积蓄，徐凤仙感到十分痛苦，并难以忍受。

既然无法忍受，那就逃避吧。一年前徐凤仙提出与他分居一段时间，希望通过拉开空间距离减少生活摩擦，以空间换取时间的记忆，重拾他们之间的爱情。也就在这个时候，他的公司运转出了问题，正在他焦头烂额之际，他身边的一个女人给了他妻子般的温柔和抚慰，两人并最终发生了情感和性爱关系。当徐凤仙得知这一切的时候，一切都为时过晚，徐凤仙终究没能留住丈夫的心，他们离婚了。平静下来徐凤仙很不甘心，对那个抢走丈夫的“第三者”充满了好奇，徐凤仙约她见面，徐凤仙说她要输个明白。

她并不如徐凤仙漂亮，既没有徐凤仙这样良好的教育背景和成就，身上也缺乏男人所渴望的那份风情万种，像大街上常见的一道风景，平平淡淡，没有特征。但通过与她的一度相处，徐凤仙发现她身上有着徐凤仙所没有的东西：关注男人，善解人意。

徐凤仙感到十分后悔。

就像歌里唱到的“留一半清醒，留一半醉”，如果徐凤仙能在生活中保持“糊涂”的态度，对于丈夫的小缺点不去计较，能保持宽大的胸襟，结果也不会是现在这样。

聪明的女人总能在婚姻中保持适度的糊涂，比如知道男人说的是善意的谎言后而不去揭穿他；男人稍稍自大一些的时候看得过去也就不去揭露；男人偶尔一次做错事时，聪明女人也装作没看见……其实不是女人真的没看见，只不过她们总是这么想，是人就有过，能过得去就让它过去，何必给自己找麻烦呢！人生苦短，要做的事也不只是抓住这些生活中的小辫子而不放。

人生箴言：一句生活最美好的写照就是“难得糊涂”，“水至清则无鱼，人至察则无徒。”人无完人，爱情也不可能完美，太清醒了也许就没有轰轰烈烈的爱情了。我们汉字的“婚”字，拆开来看，就是一个“女”字和“昏”字，这很让人玩味。假若女人不昏了头说不定这世上就没有爱情和婚姻了。三分流水两分尘，别把所有的事情都纠着不放，只要把握住婚姻生活的大方向，不偏离正常的轨道，不偏离道德的航线就行了。

唠叨让幸福婚姻转瞬即逝

据相关人士调查，现代男女离婚率是越来越高，究其根本，唠叨则成为其中很大一部分原因。唠叨是大多女人的通病，尤其是已婚女人。唠叨导致了女人婚姻的不幸，因为没有哪个男人会欣赏一个唠叨不休的女人。

“老公，你把垃圾倒了好不好?”

“老公，房前的草地乱糟糟的，该剪了。卧室的门把手掉了，该修了。后窗户卡死了，一直打不开。你什么时候修电视天线啊……”

“老公，你今天吃药了吗？别吃方便面，对你的胆囊不好，还会使你发胖。”

这些话语说个三四次、四五次的，或许男人会照做，而且会认为你特别会关心人，但是经常说，那味道就变了，变得让男人害怕你，甚至讨厌你。所以，女人要放下唠叨，让爱情、婚姻不再因唠叨而远离你。

张女士结婚一年，每天一下班就忙于回家做饭，可以说一心扑在家里。可不知为什么，她与老公的关系越来越紧张，新婚时家庭中的温馨气氛也没有了。为什么呢？张女士对此非常苦恼。对此，张女士的丈夫说：“我工作一天感觉很累，想赶快回家坐在沙发上喝杯茶，忘掉一天工作中烦人的事。没想到一回家我妻子就唠叨上了：你总是空手回来，也不顺便买点儿菜，就知道张口吃……本来我就事多心烦，回到家里本想温馨的家庭气氛能驱散我工作中的烦恼，没想到我妻子的一番唠叨使我愁上加愁，心情急剧恶化。于是我就和她顶撞起来，造成双方情绪都不好，这样的情况一次两次，我能够理解她，可我妻子总是这样唠唠叨叨的，一点儿没有

我理想中的柔情，我对此事也十分苦恼。”

没有哪个男人会欣赏一个唠叨不休的女人，即使是唠叨女人自己，也是如此，因为唠叨的女人一般只想到自己发言，而根本不想做一个听众。

唠叨是婚姻的致命伤。一个唠叨的女人，对整个家庭来说都是噩梦。男人回到家里，便陷入毫无头绪的抱怨和呻吟中，这时他最想做的就是蒙头冲出家门去。

托尔斯泰伯爵的夫人，在她逝世之前，她向几个女儿们承认道：“是我害死了你们的父亲。”她的女儿们知道她的母亲说的不错，她们知道她是以不断的埋怨、永远没完的批评和永远没完的唠叨把父亲害死的。

从各方面来说，托尔斯泰伯爵和夫人应该是幸福的一对。但托尔斯泰的一生却是一场悲剧，而之所以成为悲剧，原因在于他的婚姻。他的夫人喜爱华丽，但他却看不惯。她热爱名声和社会赞誉，但这些虚浮的事情，对他却毫无意义。她渴望金钱财富，但他认为财富和私人财产是罪恶的事。

多年以来，由于他坚持把著作的版权一分不留地送给别人，她就一直唠叨着，责骂着和哭闹着。她要拿回那些书所能赚到的钱。

当他不理会她的时候，她就歇斯底里起来，在地上打滚，手上拿着一瓶鸦片，发誓要自杀以及威胁说要跳井。

当托尔斯泰 82 岁时，他再也不能忍受家里那种悲惨不快乐的情形了，于是在 1910 年 10 月一个下着大雪的夜里，逃离了他的夫人——逃离寒冷的黑暗，不知道到哪里去好。

11 天以后，他因肺炎死在一个火车站里。他临死前的要求是，不许她来到他的身边。

这就是托尔斯泰伯爵夫人唠叨、抱怨和歇斯底里所得到的结果。

这种结果或许是稍微好点儿的，在香港，曾有一位丈夫砸坏了妻子的脑袋，原因是妻子的唠叨使得他失去了理智。甚至还曾听说在美国有一位

丈夫因妻子唠叨而发狂，把妻子的嘴巴缝了起来，真是恐怖。看来，唠叨真的是非常的可怕！

人生箴言：卡耐基说："在地狱中，魔鬼为了破坏爱情而发明的总能成功的恶毒办法中，唠叨是最厉害的。它永远不会失败，就像眼镜蛇咬人一样，总是具有破坏性，总是置人于死命。"年轻的女人们，如果你已经步入了婚姻，就请记住，千万不要唠叨，因为唠叨是婚姻的致命伤，不要让自己幸福的婚姻在唠叨中逝去！

价值连城的铜戒指

那一年他40岁，在男人最风光的年龄，他破产了。他变卖了别墅，轿车，股票，债券，却仍有两个债主待在他刚租下的20平方米的小屋里不肯离去。他说："我现在的情况你们都看到了，请宽限些日子，我一定还你们钱!"债主不为所动。

坐在屋角，憔悴的妻子站起来，一声不吭地摘下手上的结婚钻戒，放在一个债主的手上，

又默默无言地走过去，把他的那一枚也摘下来，放在另一个债主的手上，然后对债主们说："请你们放心，我丈夫是讲信用的人，欠你们的钱，他会一分不少地还给你们。"债主看看手中的钻戒，再看看他妻子坚定的眼神，走了。

门关上的一刹那，妻子盯着空空的手指，眼泪"嘀嘀嗒嗒"地落下来。

十年前，妻子也是这样坚定地离家出走，嫁给了他——一个穷小子。风风雨雨的日子一直有妻子伴在身边，终于创业成功，他们赚了好多的钱，他给她买的戒指也从银戒变成了钻戒。当他给她戴上的时候，钻石的光芒映着她绯红的脸，他们都幸福极了。那是爱的见证，而今天却成了唯一可以抵押给债主的东西。

此后，他们开始重新创业。白天在外奔波打拼，晚上回到20平方米的小屋，用煤炉做简单的饭菜。看着过去养尊处优的妻子蹲在炉子前做饭，他既心痛，又隐隐不安。比他小5岁的妻子优雅美丽，看上去比实际年龄小很多，以她的条件完全可以借此离开他另攀高枝，何必非要跟着他受苦不可？那天，他这样想着，便说了出来。

妻子愣愣地看了看他，放下锅铲走到他身边，握住他的手："你相信吗？我现在没有大房子住，没有轿车坐，可我是幸福的，因为我身边有爱，有浓浓的爱。以前几百平方米的大房子常常是我一人住着，你总是有数不完的应酬、出不完的差。我知道，你爱我，你是为了让我有更好的生活才那么拼命工作。可是，你对我的爱不过是在深夜里打个电话给我，叮嘱我好好睡觉，让我想买什么尽管买，想去哪儿玩尽管去。整天见不到你，越大的房子越寂寞。而现在，我们虽然住着狗窝一样的屋子，但你会香香甜甜地吃我做的饭菜，仔细向我讲述你一天的工作，也认真倾听我一天的感受，而且在这小小的空间里，我不论在哪一个角落，无论在干什么，只要一转身一抬头就能看到你……你想，同样一份爱，把它放在几百平方米的空间里，和放在20平方米的空间里，哪一个的浓度更大？"

妻子讲完，笑吟吟地从口袋里掏出两枚戒指，自己戴上一枚，又为他戴上一枚，然后将自己的手放到他的手里说："我们结婚时，是你为我买戒指。结婚10年了，我也为你买一回戒指。"

戒指是铜的，两枚一模一样，都刻着"地久天长"，是妻子花两元钱从地摊上买来的。

他看着这两枚在昏暗灯光下闪着质朴光芒的铜戒指，禁不住鼻子发酸。一起生活了这么多年，他第一次真正了解身边的这个女人有多么可爱与坚强。

在将妻子紧紧搂进怀里的那一刻，他暗暗发誓：一定要重新站起来，重新为妻子买回最好的戒指!

从此，他白天戴着那枚铜戒指生龙活虎地投入工作，晚上回到那间充满浓浓爱意的20平方米的小屋，忘掉了一身的疲倦。他找回了与妻子恋爱时的感觉，也找回了当初创业时的激情。因为有爱，他相信自己是世上最棒的男人!

五年之后，他重新拥有了买别墅、轿车及闪光钻戒的能力，可他没买，妻子也不让他买。他们仍然戴着那对铜戒指，享受这种务实而有个性的生活感觉。

只要有爱，只要与心爱的人日夜厮守，即使粗茶淡饭也是最美好的生活。

在珠光宝气的商人之中，出现了最不同寻常的一对，因为他们都戴着一枚铜戒指，有人揶揄它的廉价，他们却一笑置之——在相爱的人心目中，这枚铜戒指价值连城，是一段真情的见证……

人生箴言：在承受了那么多的苦与难的同时，夫妻已经相互溶为一体了，是不能轻易地说分就分得开的。事实上，夫妻就是相依相守，共患难的知己。这些无需什么昂贵的首饰作为见证，只需真情。

第八章 退一步海阔天空

人们都说“退一步海阔天空”，但是“退一步”需要一种宽容的胸怀，淡定的心态，这样才能真正地达到“海阔天空”。退一步不是害怕，更不是懦弱，它是一种修养，一种以退为进的策略，是真正的大智慧。在人生的道路上，只有保持淡定，懂得退步的人，才能成为真正的强者，才是最后的赢家！

退步原来是向前

从古到今，以退为进都是我们生存和求成功的有利战术。以退为进是一种弹性自救。生活中不如意者十之八九，人的一生不可能一帆风顺，人生路上处处充满荆棘，遭遇挫折时与其万念俱灰，一蹶不振，不如退下阵来，转求其他，多一点儿弹性，让自己对生活充满信心。世界之大，总有我们的容身之处。有这样一个故事：

白天上班的时候，和同事为了一件工作上的事情而争论，我们谁也不让谁，最后两人闹得很不愉快。回到家里，我还生着她的气。

吃过晚饭，我照例打开电脑。打开邮件时，我看到同事发过来的一封信。心想，我白天才和她闹翻，她晚上就给我发邮件干什么？况且有什么事情，不能在办公室里说呢？但我还是忍不住打开了邮件。

我轻轻地点击了一下附件，只听见“砰”的一声响，电脑屏幕上出现了一堆什么也看不清的乱码和马赛克，乱码上面还有一些大红的色彩。除了这些，别的什么也没有了。

看到电脑上的这幅画面，我是又惊又气。惊的是同事给我发来了一封邮件；气的是她是电脑高手，这封邮件要真有病毒，我的电脑不就彻底毁坏了吗？

就在我准备拔同事电话的时候，我看见刚才还什么文字都没有的电脑屏幕上，突然跳出一行字来：请后退两步，再看这封邮件。

我心里一愣，不知道同事到底要做什么。我按照提示后退了两步，却发现：刚才看到的那些乱码和马赛克已经变成了清晰的“抱歉”两个字；

刚才看到的那些大红的色彩，现在变成了一个心形图形。我终于明白了同事这封邮件的含义：她是在用心向我道歉，看到这里，我不由为自己刚才的莽撞和一时的冲动而对她误解感到惭愧。其实白天的那件事情，也并不完全都是她不对呀。我原谅了同事，并决定当即也给她写一封回信，向她表示我的歉意。

退一步海阔天空。与朋友或其他人意见不和，发生冲突时，若争得面红耳赤，弄得两败俱伤，不如平心静气，好言商量，就算自己有理，也大可不必据理力争，退让并不代表懦弱，宽容别人，也是善待自己。明月退出与太阳争辉，才展现出它的恬静与温柔；枯叶蝶退去它华丽的外衣，才逃避了人类的追捕，得以生存；梅花退出与百花争艳的春天，才显示出它“凌寒独自开”的傲骨；人退出束缚自我的怪圈，我们的生命才会更加多姿多彩。

邵氏电影首次在影展获奖是1958年的《貂蝉》，其时邵逸夫初到香港，他不但注重提升制作水准，更全力策划影片发行及宣传推广，参加影展则是塑造品牌、传播美誉、增加卖埠的最佳手段。亚洲影展一度成为邵氏、国泰争强斗胜的战场，后来因国泰老板参加金马影展时坠机身亡，国泰影业制作自此一蹶不振，邵氏遂独领风骚。

除了继续在亚洲影展称霸，邵逸夫亦积极进取，谋求东南亚之外的荣誉，譬如参展欧洲三大电影节。但是，因为邵氏参加国际影展的影片皆为展示中国传统文化韵味的古装片，欧美影人观众却认为日本电影更具东方色彩，更愿意把影展大奖颁给黑泽明、小津安二郎之流，相比之下，当年的邵氏或香港电影真的很难出头，若说影展扬威，真的仅限东南亚。

在发动影展攻势失利之后，邵逸夫急流勇退，选择了另一策略——加强业务合作，联合摄制跨国电影，希望先通过合拍的形式进军国外。提起邵氏影片风靡欧美的成功案例，很多影迷都会想起《天下第一拳》曾跻身当年北美十大卖座影片。另外，邵逸夫曾与美国电影公司合作。投资拍摄

《银翼杀手》、《地球浩劫》等好莱坞巨片，还代理不少西方影片在亚洲地区的发行和市场推广，进军国际市场的步伐也算雄健。

邵逸夫的从容之处在于他不仅懂电影，且进退得宜，重视中国传统。回首百年，邵氏家族能在影视业领域独领风骚半个世纪，绝非侥幸。

生活是一种艺术，我们一定要善于进退，不要让世俗的尘埃蒙蔽了双眼，别为自己的心灵套上沉重的枷锁。这是一种处世的智慧：退让就是进取。

人生箴言：有一首形容农夫插秧的诗："手把青秧插满田，低头便见水中天；身心清净方为道，退步原来是向前。"低头其实只是适时地退却，为了进一尺有时候就必须先做出退一寸的忍让，适时的退是一种智慧。

"撒手悬崖"的智慧

对于名利权势，不同的人态度不同。有的人很明智，知道权势不一定能够给人带来幸福，所以不去争权夺势，而是忍耐住自己对权力的渴望，在事业成功时全身而退。这就是急流勇退，是哲人欣赏的一种明智，古人把这种勇退称为"撒手悬崖"。

后汉孝明帝的皇后——马皇后是伏波将军马援的小女儿，14 岁入太子宫为太子妃，明帝即位后册封为皇后。儿子章帝即位后，因为年纪小，马皇后临朝称制，处理国家大事，史称明德马太后。

章帝和自己的几个舅舅感情很好，便想依照惯例，封自己的几个舅舅为侯，太后却坚决不同意。章帝不解，问是何原因。

马太后回答："鉴于西汉那些后族几乎没有不因荣宠过盛而导致灭亡的。"

章帝说："不给舅舅们封侯，儿子心里过意不去。舅舅们年纪都大了，身体又多病，万一有所不讳，生前得不到封典，儿子会抱憾终生的。"

马太后虽然心里不愿意，但是拗不过儿子，只好同意章帝封自己的兄弟们为侯，但常为此郁郁不乐。

下诏册封的前一天，马太后把自己的兄弟们召进宫，告诫他们切忌权势过大，自蹈覆亡之祸。马太后的兄弟们体会到太后的良苦用心，第二天接受封爵后，便坚决辞去在朝中的职务，以列侯归第。

后汉选择皇后大多是开国功臣之家，主要是邓、马、窦、梁四家，而邓、窦、梁之族因权势过盛而遭灭门之祸，只有马氏一族谨守礼节，不敢稍有逾越，得以保全。

聪明睿智的马太后因明白权利太盛而最危险的道理，并时常告诫自己的家人，要懂得功成身退，不要欲望太盛，最终全部得意保全。

《老子》说："功成身退，天之道也。"这就像自然界中的花一样，花开时是最美丽的，一旦结了果，便及时抽身而退。人自然也是一样，在达到成功的巅峰时，切莫留恋功名利禄，全身而退，这样既能保住自己的利益，又能让别人记住你辉煌时的那一刻。

西汉张良，字子孺，号子房，小时候在下邳游历，在破桥上遇到黄石公，替他穿鞋，因而从黄石公那儿得到一本书，是《太公兵法》。后来追随汉高祖，平定天下后，汉高祖封他为留候。张良说道："凭一张利嘴成为皇帝的军师，并且被封了万户子民，位居列候之中，这是平民百姓最大的荣耀，在我张良是很满足了。愿意放弃人世间的纠纷，跟随赤松子去云游。"司马迁评价他说："张良这个人通达事理，把功名等同于身外之物，不看重荣华富贵。"

张良的祖先是韩国人，伯父和父亲曾是韩国宰相。韩国被秦灭后，张

良力图复国，曾说服项梁立韩王成。后来韩王成被项羽所杀，张良复国无望，重归刘邦。楚汉战争中，张良多次计出良谋，使刘邦险中转胜。鸿门宴中，张良以过人的智慧，保护了刘邦安全脱离险境。刘邦采纳张良不分封割地的主张，阻止了再次分裂天下。与项羽和约划分楚河汉界后，刘邦意欲进入关中休整军队，张良劝阻，认为应不失时机地对项羽发动攻击。最后与韩信等在垓下全歼项羽楚军，打下汉室江山。

公元前201年，刘邦江山坐定，册封功臣。萧何安邦定国，功高盖世，列候中所享封邑最多。其次是张良，封给张良齐地三万户，张良不受，推辞说："当初我在下邳起兵，同皇上在留县会合，这是上天有意把我交给您使用。皇上对我的计策能够采纳，我感到十分荣幸，我希望封留县就够了，不敢接受齐地三万户。"张良选择的留县，最多不过万户，而且还没有齐地富饶。

张良回到封地留县后，潜心读书，搜集整理了大量的军事著作，为当时的军事发展，做出了重要的贡献。

不管在政治、商业还是其他方面，功成身退都是一门绝顶的艺术。既能保持辉煌晚节，又能奠定一生名声。

人生箴言：功成身退作为一种处世的智慧，它不仅仅可以宽解人于一生终结之事，也可以宽解人于一事终结之时。古人云："谢事当谢于正盛之时，人肯当下休，便当下了。若要寻个歇处，则婚嫁虽完，事亦不少；僧道虽好，心亦不了。"真可谓真知灼见！

“退一步”，拥有广阔天空

许多人都会在自觉与不自觉之间都信奉着两个字——“淡定”，虽然信奉“淡定”的人很多，然而真正了解它内涵的却少之又少。许多人将一幅幅带有“淡定”字的字画悬挂于客厅、卧室……之上，然而他们就像“叶公好龙”一般，喜欢的不是真“淡定”，而是书画上的假“淡定”。

制怒是淡定的一部分，在面对一些无理取闹之人的讽刺与侮辱，能够释放于心外才能制怒。

要知道，如果我们欲成就一番事业，就应该时刻注意学会制怒，不能让浮躁愤怒左右我们的情绪。在生活中我们经常看见很多人为了一点很小的事情而怒容满面，甚至与其他人大打出手，这是欲成大事者的大忌。我们每个人都避免不了动怒，愤怒情绪是人生的一大误区，是一种心理病毒。克制愤怒是人生的必修课，那些怒火横冲直撞而不加抑制的人是难成大器的。

我们分析一下，明朝几经沉浮官员李三才的失败的根源就不难发现这点。

明神宗时的曾官至户部尚书的李三才可以说是一位好官，为什么这么说呢？当时他曾经极力主张罢除天下矿税，减轻民众负担；而且他疾恶如仇，不愿与那些贪官同流合污、甚至不愿与与那些人为伍。但是他在“忍”上的造诣却太差。

有次上朝，他居然对明神宗说：“皇上爱财，也该让老百姓得到温饱。皇上为了私利而盘剥百姓，有害国家之本，这样做是不行的。”李三

才毫不掩饰自己的愤怒、说话也不客气地行为激怒了明神宗，他也因此被罢了官。

后来李三才东山再起，有许多朋友都担心他的处境，于是劝他说："你嫉恶如仇，恨不得把奸人铲除，也不能喜怒挂在脸上，让人一看便知啊。和小人对抗不能只凭愤怒，你应该巧妙行事。"李三才则不以为然，反而认为那样作是可耻的，他说："我就是这样，和小人没有必要和和气气的。小人都是欺软怕硬的家伙，要让他们知道我的厉害。"没过多久，李三才又被罢了官。

回到老家后，李三才的麻烦还是不断。朝中奸臣担心他再被重新起用，于是继续攻击他，想把他彻底搞臭。御史刘光复诬陷他盗窃皇木，营建私宅，还一口咬定李三才勾结朝官，任用私人，应该严加治罪。李三才愤怒异常，不停地写奏书为自己辩护，揭露奸臣们的阴谋。

他对皇上也有了怨气，居然毫不掩饰愤怒情绪，对皇上说："我这个人是忠是奸，皇上应该知道的。皇上不能只听谗言。如果是这样，皇上就对我有失公平了，而得意的是奸贼。"

最后，明神宗再也受不了他了，便下旨夺去了先前给他的一切封赏，并严词责问他，于是李三才彻底失败了。

古人常说"喜形不露于色"，而李三才却不明白此点，不分场合、不分对象随意发怒，自然只能产生失败的后果了。

"淡定"的内涵除了制怒，还有一点就是戒嚣张。嚣张是由傲气引起的，因此戒嚣张的根源就在戒除傲气上——戒除了傲气就解除了嚣张。

有一个傲气十足的富商腆着个大肚子来到寺院，站在财神面前说："你有什么？还不是依靠我的供品，你才能活下去？"

禅师听到后，把富商带到窗前说："向外看，告诉我，你看到了什么？"

"看到了许多人。"富商说。

禅师又把他带到一面镜子前，问道："你看到了什么?"

"只看见我自己。"富商回答。

禅师说："玻璃镜和玻璃窗的区别只在于那一层薄薄的银子，这一点点可怜的银子，就叫有的人只看见他自己，而看不见别人了。"

富商面带愧色地离去。

"虚心使人进步，骄傲使人落后"的道理世人皆知，因此我们惟有谦逊己身，才能让人进步。"淡定"虽然博大精深，但只要做到制怒与戒嚣张，便不难领悟其中的真谛。

人生箴言：生活中的我们应当做到时时淡定、事事淡定，提高自己控制浮躁情绪的能力、时时提醒自己，有意识地控制自己情绪的波动。千万不要动不动就指责别人，喜怒无常，改掉这些坏毛病，努力使自己成为一个容易接受别人和被人接受，性格随和的人。也许只有退一步才能拥有广阔的天空，也只有这种"退一步"的人才能成就人生中的大事。

为人处世的三个"在"

处事不惊，遇事不乱，沉着淡定，一定要有很高修为，这样才能把握局势。官场纵横，浮起浮沉，随时都有"翻船"的可能性，沉着淡定，不显山不露水，方可成就大事。沉着淡定能力挽狂澜，不被卷入漩涡之中，能平安度过危险，不被恐惧和慌乱打乱阵脚。

一架客机在旅途中，遭遇了突然变故，时刻都有坠机的危险。每人都系上了降落伞，惟有一女孩没有。此时，一长者见状，忙解下自己的降落

伞包，给小女孩儿系上。长者的脸上安静平和，没有一丝慌乱。可能常人会认为此长者愚钝，其实他心里比谁都明白：有降落伞便有一半的生存之望；没有这，即百分之百的死亡。为了下一代，甘愿将死亡留给自己。顷刻间，故障排除，全机人百分之百的生还。

请看君子淡定之意趣：茕茕孑然之时，浑然超脱的样子；与君子相处时，憨憨可掬的样子；无所事事时，耳清目明的样子；处理事务时，洒脱不羁的样子；得意时，淡然坦荡的样子；失意时，泰之处之的样子。

晋朝的谢安和他的朋友等人喜欢游山玩水，有一次曾划船到海上游玩，正当他们玩得高兴的时候，海上风起云涌，海风推着海浪阵阵翻涌，游船在风浪中颠簸不定。大家都惴惴不安，不知道怎么办才好。只有谢安镇定自若，照常吟诗唱歌。船老板看到谢安这样胆大无畏，心理也有底气了，便继续划船。谢安不慌不忙地对船工说："这样划下去，从哪里上岸呢?"船工说："只能从原地上岸。"于是，船工才划船返回。大家都佩服谢安的胆量。

其实在危险面前，惧怕只是一种怯懦的表现，对于克服困难，解除危机没有任何帮助。心胸坦荡的人，把生死看得很淡，名利看得很轻，那还有什么东西能让他恐惧呢?

谢安的临危不惧气概，不仅体现在自然风浪之中，而且在政治风浪中也是这样。

晋朝的简文帝去世以后，桓温想伺机篡权，争夺王位，他觉得谢安和王坦之会对自己的计划不利。于是设下鸿门宴，叫谢安和王坦之到他那里，以借宴请为名，将两人置于死地。王坦之胆小，就问谢安："我们去还是不去，你说?"谢安神色自然，毫不畏惧。他十分镇定地说："晋朝的存亡，就在于我们这次去还是不去!"

到了宴席上，几句话还没说完，王坦之就战战兢兢，双腿直打哆嗦，而谢安十分从容。到了厅堂，他从容自在地坐上席位，对桓温说："我听

说作为王室的护卫，各地的大将都有自己的职责和道德，应该把兵力部署在边境上严守疆土，建功立业。没想到，您怎么从墙壁后面向别人捅刀子呢?”桓温笑着回答说：“没办法，我现在不得不这样啊。”

在接下来的期间，谢安都巧妙的与桓温周旋，利用自己的智慧将其造反的信心打压了下去。在轻松的气氛中谈了很长时间，桓温最后不得不放弃了自己谋反篡权的意图。

当初，王坦之与谢安在社会上都很出名，通过这一件事，人们就分出了他们之间的优劣。谢安这种“骤然临之而不惊”的大丈夫气概，也被后人所赞赏。

恐惧是人内心里缺乏自信的表现，也是人心中有私、有鬼的反映。谢安一心为公，不计个人得失。他心底宽阔，自然不会心虚，做事也自然而然地坦然大方，临危不惧。所以人应该学会克制自己内中的欲望，忍受住利益的诱惑或驱使，正直地做人。

人生箴言：明代的吕坤在《呻吟语》中说：“在遭受不幸的时候，内心却怡然自乐；在人轻言微的时候，内心却傲然挺立；在受冤屈而不得伸的时候，内心却居于广大宽敞，就会无往而不泰然处之。”吕坤说的三个“在”，也就是我们平常所说的淡定，这才是我们为人处世的正确态度。

多些宽容，多些和谐

宽容如一缕和煦的春风温暖着人的心田，宽容又如一丝清凉的夏雨滋润着人的心扉。宽容是一种大的肚量，是不与人计较的大境界，是退一步

海阔天空的淡定态度。人与人之间需要宽容、需要理解。宽容是催化剂，可以消除隔阂，减少误会，化解矛盾；宽容是润滑剂，能调节关系，减少磨擦，避免碰撞；宽容是清新剂，会令人感到舒适，感到温馨，感到自信，感到世界的美。

我们对人，不要太过苛求，要多一些宽容和理解，只有这样，大家才能心情愉快，和睦相处。

很久以前，有一位年老的国王，他决定不久后就将王位传给三个儿子中的一个。一天，国王把三个儿子叫到跟前说："我老了，决定把王位传给你们三兄弟中的一个，但你们三个都要到外面游历一年。一年后回来告诉我，你们在这一年内所做过的最高尚的事情。只有那个真正做过高尚事情的人，才能继承我的王位。"

一年后，三个儿子回到了国王跟前，告诉国王自己这一年来在外面的收获。大儿子先说："我在游历期间，曾经遇到一个陌生人，他十分信任我，托我把他的一大袋金币交给他住在另一个镇上的儿子，当我游历到那个镇上时，我把金币原封不动地交给了他的儿子。"国王说："你做得很对，但诚实是你做人应有的品德，不能称得上是高尚的事情。"二儿子接着说："我旅行到一个村庄，刚好碰上一伙强盗打劫，我冲上去帮村民们赶走了强盗，保护了他们的财产。"国王说："你做得很好，但救人是你的责任，还称不上是高尚的事情。"三儿子迟疑地说："我有一个仇人，他千方百计地想陷害我，有好几次，我差点就死在他的手上。在我的旅行中，有一个夜晚，我独自骑马走在悬崖边，发现我的仇人正睡在一棵大树下，只要我轻轻地一推，他就掉下悬崖摔死了。但我没有这样做，而是叫醒了他，告诉他睡在这里很危险，并劝告他继续赶路。后来，当我下马准备过一条河时，一只老虎突然从旁边的树林里蹿出来，扑向我，正在我绝望时，我的仇人从后面赶过来，他一刀就结果了老虎的命。我问他为什么要救我的命，他说：'是你救我在先，你的仁爱化解了我的仇恨。'这

……这实在算不了什么大事。”

“不，孩子，能帮助自己的敌人，是一件高尚而神圣的事，”国王严肃地说：“来，孩子你做了一件高尚的事，从今天起，我就把王位传给你。”

这个故事给了我们深刻的启示：对待他人要有一颗宽容的心，即使是仇人也不例外。但凡聪慧的人都是会宽容别人的，这样的人往往能够建立起和谐的人际关系和良好的群众基础，得到人们的赞赏和认可。瞧，下面这位即将出场的小妹妹就得到了众人的表扬。

时值冬天，人们为了取暖还在烧蜂窝煤。倒垃圾时，清洁工人拖着装垃圾的车，摇着铃走进大院，于是家家户户都端着垃圾出来倒。有户人家是姐妹两个，恰巧住在一楼，楼上倒垃圾的都要经过她们家，这样免不了就有些煤灰撒在门口。那天倒垃圾的清洁工又来了。姐姐回来后，发现家门口有很多煤灰，她扫的次数实在太多，这次终于忍不住了，就骂起来。她骂得很凶，也很难听：“哪个王八蛋有本事撒没本事认的，有种的就站出来!”

结果不小心撒了煤灰的那人也终于忍不住了，就跳出来与她对着吵。正吵得热闹，妹妹回来了。围观的人心想这下有戏看了，两个吵一个。谁知妹妹见姐姐在与人吵嘴，不仅没有帮姐姐吵，反而一个劲地推姐姐回去，说：“左邻右舍的，有什么好吵的？别人也不是有意的。你有吵的时间早就可以将煤灰扫干净了。”

将姐姐推进去后，她就拿出扫帚开始扫起来。不大一会儿，地面上已是干干净净。

从此，妹妹在大家心中就像一个圣洁的天使，受到周围邻居的表扬和爱戴。

人生箴言：从某种意义上说，宽容别人就是宽容自己，给别人一些空间，你将获得一片蓝天，在那儿自由飞翔。我们应该从小事做起，学会忍

耐，学会宽容，“唯宽可以得人”是妇孺皆知的一句话，它可以使我们明白，有宽容才有和谐。

海纳百川，有容乃大

海纳百川，有容乃大。江海之所以能成为百谷之王，是因为身处低下，方能成为百谷之王。要想拥有百川的事业和辉煌，首先要拥有容得下百川的心胸和气量。

一个满怀失望的年轻人，千里迢迢来到一位知名画家的家中，对画家说：“我一心一意要学丹青，但至今没能找到一个能令我心满意足的老师。”

画家笑笑问：“你走南闯北十几年，真没能找到一个自己的老师吗？”年轻人深深叹了口气说：“许多人都是徒有虚名啊，我见过他们的画，有的画技甚至不如我呢！”画家听了，淡淡一笑说：“我收集了一些名家精品，既然你的画技不比那些名家逊色，就烦请你为我留下一幅墨宝吧。”说完，便拿来了笔墨砚和一沓宣纸。

画家接着说：“我的最大嗜好，就是爱品茗饮茶，尤其喜爱那些造型流畅的古朴茶具。你可否为我画一个茶杯和一个茶壶？”年轻人听了，说：“这还不容易？”于是调好了砚墨，铺开宣纸，寥寥数笔，就画出一个倾斜的水壶和一个造型典雅的茶杯。那水壶的壶嘴正徐徐吐出一脉茶水来，注入到了那茶杯中去。年轻人问画家：“这幅画您满意吗？”

画家微微一笑，摇了摇头。

画家说：“你画得确实不错，只是把茶壶和茶杯放错位置了。应该是

茶杯在上，茶壶在下呀。”年轻人听了，笑道：“您为何如此糊涂，哪有茶壶往茶杯里注水，而茶杯在上茶壶在下的？”画家听了又微微一笑说：“原来你懂得这个道理啊！你渴望自己的杯子里能注入那些丹青高手的香茗，但你总把自己的杯子放得比那些茶壶还要高，香茗怎么能注入你的杯子里呢？涧谷把自己放低，才能吸纳融会百川，呈汹涌之势啊。”

我们需要学会宽容，“容人须学海，十分满尚纳百川”，懂得宽容待人的好处。宽容待人，就是在心理上接纳别人，尊重别人的处世原则，理解别人的处世方法。我们要接受别人的长处，同时，也要接受别人的短处、缺点与错误。只有这样，我们才能真正地和平相处。

宽容代表着一个人的美好心性，也是最需要加强的美德之一。俗语讲，眉间放一“宽”字，自己轻松自在，别人也舒服自然。宽容是一种豁达的风范，也许只有拥有一颗宽容的心，才能面对自己的人生。

宽容就是在别人和自己意见不一致时也不要勉强。因为任何的想法都有其来由，任何的动机都有一定的诱因。了解了对方的想法，找到他们意见提出的基础，就能够设身处地地接受对方的心理。

正所谓“退一步，海阔天空；忍一时，风平浪静。”宽容就是事情过了就算了，从不去斤斤计较。每个人都有犯错的时候，如果执著于过去的错误，就会不信任、耿耿于怀、放不开，并且限制了自己的思维，也限制了对方的发展。即使是背叛，也并非不可容忍。能够承受背叛的人才是最坚强的人，也将以他坚强的心志在氛围中占据主动，以其威严更能够给人以信心、动力，因而更能够防止或减少背叛。

宽容是一种幸福。我们在饶恕别人的同时，给了别人机会，也取得了别人的信任和尊敬。所以说，宽容是一种看不见的幸福。

宽容更是一种财富。拥有宽容，就拥有了一颗善良而真诚的心。这是易于拥有的一笔财富，它在时间推移中升值，它会把精神转化为物质。选择了宽容，便赢得了财富。

因此，只有用一种比大海还要宽广的胸怀去对待人生、对待他人，生活就会变得更精彩。

人生箴言：宽容是一种态度，一种带有积极性的淡定的处世态度。对待他人的错误，完全是淡然的心境，从不斤斤计较，紧紧抓住别人的错误不放手。宽容是一种“退一步”的淡然心态，正所谓“退一步海阔天空”。大肚能容容天下难容之事，开口便笑笑世间可笑之人。以宽容之心度他人之过，做世上最精彩之人。

不争而争 后来居上

所谓“不争而争”，并不是说什么也不争，而是弃其小者，争其大者；弃其近者，争其远者。所以，不争是相对的，争则是绝对的。所谓“不争”，是指小处不争，小名不争，小利不争；倘若是大处、大名、大利、也许就另当别论了。

康熙十四年（公元一六七五年），清朝在全国的统治很不稳定，康熙为巩固清朝政权，安定人心，改变清朝不立储君的习惯，把他的第二个儿子胤礽立为皇太子。

作为皇太子的胤礽，为保住自己的地位，他希望康熙帝能早日归天，自己尽快登上皇帝的宝座。为此，他与正黄旗侍卫内大臣索额图结成党羽，进行了抢班夺权的种种活动。这些都被康熙帝发现，康熙下旨杀了索额图。没想到胤礽更加猖狂，不得已，康熙于康熙四十七年(1708年)九月，废除胤礽的皇太子头衔。

皇子们见太子已废，争夺皇储的斗争更加激烈。他们通过各种渠道探听康熙的意图，打发皇亲国戚到康熙面前为自己评功摆好，搞得康熙“昼夜戒慎不宁”。没有办法，康熙在废掉太子后的第二年三月又复立胤礽为皇太子，好让诸皇子死了争夺太子的野心。

在皇太子废立过程中，诸皇子们使出浑身解数，最成功的是皇四子胤禛。在诸皇子的明争暗斗中，胤禛采用的是不争而争之策。

皇太子被废之后，胤禛没像其他众皇子一样，落井下石，而是采取维持旧太子地位的态度，对胤禛表示关切，仗义直陈，努力疏通皇帝和太子的感情。他明白康熙希望他们情同手足，不愿意看到皇子们反目成仇。

对康熙的身体，胤禛也最为关心体贴。康熙因胤礽不争气和皇子们争夺储位，一怒之下生了重病。只有胤禛和胤祉二人前来力劝康熙就医，又请求由他们来择医护理。此举也深得康熙的好感。

诸皇子中夺位最力的是胤禩。胤禛同胤禩也保持着某种联系，其实他心里不愿意胤禩得势，但行动上决不表现出来，表面上看胤禩当太子，他既不反对也不支持，让人感觉他置身事外一般。

对其他皇兄，胤禛也在康熙面前多说好话，或在需要时给予支持，康熙评价他是“为诸阿哥陈奏之事甚多”。当胤禟被封为贝子时，胤禛启奏道，都是亲兄弟，他们爵位低，愿意降低自己世爵，以提高他们，使兄弟们的地位相当。

在众皇子为争夺皇太子之位闹得不可开交时，胤禛却似乎悠闲于局外，没有明火执仗地参与其中，而且还替众兄弟仗义执言，这些都被康熙看在眼中，特传谕旨表彰：

前拘禁胤礽时，并无一人为之陈奏，惟有四阿哥性量过人，深知大义，屡在朕前为胤礽保奏，似此居心行事，真是伟人。

胤禛在这场诸皇子争夺皇太子之争中，不显山、不露水，以不争之争的斗争策略取得了成功。一方面胤禛赢得了康熙的信任，抬高了自己的地

位，密切了和康熙的私人感情。康熙一高兴，把离畅春园很近的园苑赐给了胤禛，这就是后世享有盛名的圆明园，康熙秋猎热河，建避暑山庄，将其近侧的狮子园也赏给胤禛。

另一方面，胤禛在争夺储位的诸皇子之争中，不显山、不露水，保持低姿态，以不争之争的斗争策略取得了成功。使其他皇子们认为自己实力不够，对他不以为意，不集中力量对付他，使他有机会发展自己的势力。

结果，康熙在病重之际，把权力交给了胤禛，胤禛后来居上，脱颖而出成为雍正皇帝。

"争"，需要对手；而"不争"，是想别人没想过的问题，做别人没做过的事情。"善胜敌者，不争。"不争最终是为了更好地去争，不是和对手争，而是和自己争，和自己争就是要战胜自我。这样做的天之道，在于以"不争"泯绝那些形名之争，而得潜在的大势态，"故天下莫能与之争"。

人生箴言：从表面上看，"不争"似乎有悖进化规律，然后背后更深层的道理。"争与不争"的辩证法，透露着一个天机：不争而争、无为无不为、不争而善胜，乃是人类社会进化的公理。

太过固执也是一种错误

生活中，我们发现有很多固执的人，或许在他们自己看来是个性，但大多时候给人的感觉是冥顽不化。其实，太过固执有时候是一种错误，我们要放下这种错误的坚持，给自己的心灵松松绑。

从前有一个人，从魏国到楚国去。他带上很多的盘缠，雇了上好的车，驾上骏马，请了驾车技术精湛的车夫就上路了。楚国在魏国的南面，可这个人不问青红皂白让驾车人赶着马车一直向北走去。

路上有人问他的车是要往哪儿去，他大声回答说："去楚国!"路人告诉他说："到楚国去应往南方走，你这是在往北走，方向不对。"那人满不在乎地说："没关系，我的马快着呢!"路人替他着急，拉住他的马，阻止他说："方向错了，你的马再快，也到不了楚国呀!"那人依然毫不醒悟地说："不打紧，我带的路费多着呢!"路人极力劝阻他说："虽说你路费多，可是你走的不是那个方向，你路费多也只能白花呀!"那个一心只想着要到楚国去的人有些不耐烦地说："这有什么难的，我的车夫赶车的本领高着呢!"路人无奈，只好松开手，眼睁睁看着那个盲目上路的魏人走了。

那个魏国人不听别人的指点劝告，仗着自己的马快、钱多、车夫好等优越条件，朝着相反方向一意孤行，他最终到达不了他的目的地。这就是历史上最著名的典故：南辕北辙。

这只是个寓言，原本很简单的事，却因为自己固执己见，始终认为自己是对的，结果却与目标越来越远，甚至造成不可挽回的错误。其实，生命中太多的障碍和不幸，皆是由于过度的固执。

美国人作家马克·吐温年轻时，在各种新产品、新发明上的投资达五十多万美元。但那些项目没一个成功。马克·吐温心灰意冷，发誓永远不在"新奇玩意儿"上浪费金钱了。

一天，一个年轻人登门拜访这位大文豪。来访者胳膊底下还夹着一个怪模怪样的东西。原来，年轻人发明了一种新装置，需要资金来推销和大批生产这种装置。

马克·吐温说自己有过无数次投资失败的教训，再不打算冒任何风险了。

“我并不指望巨额投资”，年轻人说，“只要500美元，您就可以拥有一大笔股份。”

想起自己刚发过的誓言，马克·吐温还是固执地摇了摇头。

失望的年轻人只好起身告辞。

看着他的背影，大作家不由心头一动。“嘿，”马克·吐温在客人身后叫了一声，话一出口，他立刻为自己的不坚定感到羞愧。为了掩饰，他马上改口说，“……你刚才说你叫什么名字?”

“贝尔”，年轻人回答，“亚历山大·格雷厄姆·贝尔。”

“再见，贝尔！祝你好运!”马克·吐温关上了房门，心想：“谢天谢地，我总算坚持住了，没向贝尔投资。”

今天我们知道，年轻的贝尔胳膊下夹着的“新奇玩意儿”叫电话。所有给这个新产品投资的人，日后都成了百万富翁。

在生活中，有的人很倔强，他们固执己见，甚至把别人的好言相劝看做是多此一举，依然按照自己的偏见一意孤行。最后，吃了苦头或损失利益，才发现自己是错误的，可往往事情已没有了挽回的余地。一个人太固执，不懂得变通的话，一定会栽大跟头的。

有一种错误，叫固执，思维定式一旦形成，有时是很悲哀的。固执是一种坚持成见、不懂变通的心理现象，在日常生活和工作中表现为一意孤行，只相信自己不相信别人。对于领导者来说，其危害性是很大的。久而久之，领导班子民主作风削弱，战斗力减退，这既影响事业发展，也会使领导者处于苦恼的孤立地位。

人生箴言：在生活中，固执会让周围的人远离你，因为你听不进别人的意见；固执会让你离既定目标越来越远，因为你不懂得变通；固执会让幸福从你身边悄悄溜走，因为你从不珍惜现在。可见，太过固执也是一种人生的错误。

减负前行，人生更美好

人的一生中，诱惑实在太多，金钱、名誉、地位、权力、美女、爱情、理想、名车、豪宅……有追求就会有收获，我们也会在不知不觉中拥有许多。有些是我们必需的，而有些却是非必需的。那些非必需的东西，除了满足我们的虚荣心外，最大的可能，就是成为一种负担。

例如一棵枝繁叶茂的桃树，在盛夏时常常结满累累的果实，可是夏天里的一场狂风却可以将它拦腰斩断。这是因为当它在最繁华的时节，背负了太多的沉重，就像英雄往往魂断于盛年。所以该放下时就得学会放下，这样我们才可以轻松而愉快地生活，才能够重新出发。

有三位老太太，她们的关系很好，每天在家里没事时，三个人坐在一起有说有笑的，别人对她们都很羡慕，有时候她们还聚在一起买彩票。

后来她们其中的一位中奖了，五百万。除去所应交的税之外，还有四百万左右，这位老太太遵守承诺，给了另外两位太太一人 70 万。这些钱，不管对于哪位老太太来说，都是一个天文数字，应该高兴才对。可是，那两位拿了 70 万的太太想：这些钱应该是平分的。就这样，本来关系很好的、每天一起去买菜由此变成陌路人；每天睡觉都觉得累，不踏实。

就这样，她们三个人折腾了几个月。后来，一位老太太把另外两个老太太叫在一起，对她们说："不要再为这件事情折腾下去了，都这么大年龄了，万一折腾出个啥病来，这些钱还不够看病呢，我还想多活几天。"

那位得钱最多的太太说："我也知道是我自己的不对，放心吧，我也拿 70 万，剩下的，以我们三个人的名义，捐给贫困灾区，如何？"她的这

一观点得到了赞同。

三位老太太，看着那些幸福的孩子们互相笑了笑，一位老太太说："这是我人生中感觉最幸福的事情。"她们三个抱在一起笑了。

进一步万丈深渊，退一步海阔天空。放下欲望，放下争执，友谊、亲情……所有人生的美好都包含在退一步之中。

张凯芹今年30岁，还未结婚，她是个容易焦虑、紧张而且内向、敏感的人。她平时虽然自己感觉很压抑，却找不到缓解和释放的方法，总是生闷气，"心里堵得慌"。心里难过的时候也不知道找谁诉说，经常感到自己处于孤立无援的境地。她的这种状况已经不是一朝一夕了。

她属内向性格，家住农村，有一个弟弟，父母都是老实巴交的农民，知识文化层次较低，但从小对她特别疼爱，有什么要求一般都会予以满足，基本上没有大的挫折，所以学习和生活一直都比较顺利。她从小在学习上对自我要求很严格，非常勤奋和刻苦。小学和初中成绩一直都非常优秀，被公认为当地的"好学生"。然而高三的时候，一件事震惊了大家：那天，同学们都在教室里紧张而匆忙地做着老师发下来的试卷。突然，她"啊"的一声在座位上大叫起来，抱着头冲出了教室。接下来班主任找她谈话，她告诉老师自己实在受不了这种紧张和压抑的气氛，感觉头脑发胀，难受得似乎要发狂一般，并提出想辍学。第二天，当她背着行李回到家时，一向温和的父亲大发雷霆，扬手打了她一个巴掌，她却并没有哭，把自己关进房里，整整一天都没有出来。自参加工作以来，竞争激烈，她一直处在高压力状态下，且不善于交际。下了班回到家也只是一个人，没有知心朋友可倾诉。长时间的心理压力让她有种想逃的感觉，工作逐渐怠慢。她请了假，背上了行李外出旅行，让心灵放放风。

一段时间后，她回来了，她以一种新的心情和面貌工作着，整个人似乎变了，身边的朋友开始多起来，虽然依旧忙碌，可是并不压抑。

生命如旅行，若蜗牛负重，何以轻松上阵？惟有抛却肩头挂碍，才能

走得步履轻松。所以懂得放下是一种智慧，人若能肯把浮名换作浅吟低唱，便可摆脱一切芜杂烦赘，使人生得以升华。现在，你不妨学着适当放下，学会华丽转身，潜心去生活。

人生箴言：没有放弃，就不会有新的收获，就不会幸福。人这一生是由不断放弃和收获所组成的。在经历无数次的放弃之后找到自己真正想要的，真正属于自己的东西，放弃一些东西，减轻了负担，你才能获得重生。

以退为进，反败为胜

曾任美国总统的克林顿跟莱温斯基的那场“拉链门”风波仍在人们的记忆之中。我们可以想一想，当克林顿与莱温斯基的事情东窗事发，克林顿死不承认，采取死撑着的态度，这也是一种选择。当着全世界人的面，堂堂的美国总统承认自己的丑事，这是多让人难为情的事情啊！但克林顿聪明之处就在于，对于这件事，他并没有慌乱，而是以淡定的态度去面对它，并采取了一种以退为进的策略，承认了自己的错误。这么做，其实是将包袱扔给了所有的美国人。我已经承认了我自己的错误，你们有权利让我下台，你们也有权利让我继续留在总统的位子上，对一个已经承认错误的人，你们就看着办吧！

最终，克林顿胜利了。

同样是美国总统，当年肯尼迪在竞选美国参议员的时候，他的竞选对手在最关键的时候轻易地抓到了他的一个把柄：肯尼迪在学生时代，因为

欺骗而被哈佛大学退学。这类事件在政治上的威力是巨大的，竞选对手只要充分利用这个证据，就可以使肯尼迪诚实、正直与道德的形象蒙上一层阴影，使他的政治前途黯然无光。一般人面对这类事情的反应不外是极力否认，澄清自己，但肯尼迪却没有那么做，反而是很爽快地承认自己的确曾犯了一个很严重的错误，他说："我对于自己曾经做过的事情感到很抱歉。我是错的。我没有什么可以辩驳的余地。"肯尼迪这么做，等于说"我已经放弃了所有的抵抗"，而对于一个已经放弃抵抗的人，你还要跟他没完没了吗？如果对手真的继续进攻了，显得对手没有一点风度。

所以，我们应记住一个基本原则：一个人既然已经承认错误了，那么你就不能再去攻击他，再去跟他计较。无论是克林顿还是肯尼迪，他们都没有因为有过劣迹而受到伤害，相反的是，他们还都将它转变为了一个优点。他们承认自己有过错误，就已经将自己人性化了：我们和平常人一样，也会犯错。同时，承认自己有错，赢得人们的同情。

这是在被动的情况下以退为进的策略。在主动的情况下，由于彻底解决某个问题的时机没有完全成熟，也可以采用这种策略。

清朝康熙皇帝继位时年龄很小，功臣鳌拜掌握朝中大权，并进而想谋取皇位。康熙十分清楚鳌拜的野心，但他觉得自己根基未稳，准备还不充分，于是索性不问政事，整天与一帮哥们儿"游戏"，以造成一种自己昏庸无知的假象。一次，康熙着便服同索额图一起去拜访鳌拜，鳌拜见皇帝突然来访，以为事情败露，伸手到炕上的被褥中摸出一把尖刀，被索额图一把抓住。直到这时，康熙仍装糊涂说："这没什么，想我满人自古以来就有刀不离身的习惯，有何奇怪!"康熙此举让鳌拜对他彻底放松戒备，最后康熙等时机成熟时一举将其擒获，可以说放出长线钓上了大鱼。

对于成功者来说，只要人生目标的大方向没变，有时候选择以退为进的策略，也不失为一种明智的选择。

传说江南有一户富贵人家，人丁兴旺。老爷子的妻妾为他生下了一大

堆儿子。在他感觉自己年老体衰时，开始寻找自己的接班人。只叹儿子太多，不知选谁更好。儿子之间勾心斗角，老爷子担心他们相互残害，无奈至极，迟迟无法做出决定。某一天，他发现其中一个儿子很少说话，只是默默地帮他做事，从不参与兄弟之间的争斗。老爷子开始特别关注这个儿子。最终，接班人的担子交给了这个不善言辞的儿子。

这或许就是我们常说的以退为进。就是用与本意相悖的言行看似倒退，实则伺机而动，以取得更大进展。以退为进是貌似软弱退缩，实则积蓄实力，加速进展。以退为进要随机应变，反应迅速，以便挽回劣势，反败为胜。

人生箴言：在一定条件下，窄就是宽，低就是高，退就是进。掌握了这一点，就能使得心灵及其行为达到更高层次的自由。

在这个适者生存，充满挑战的大环境下，知难而进，勇往直前是需要提倡的。但空有傲骨，一味蛮干往往适得其反。因为盲目进取，得不偿失，势必因进反退。而审时度势，耐心等待，积蓄力量，以退为进，则是聪明之举、韬晦之计。

撞到南墙须回头

自古以来，我们就提倡做任何事情都必须有坚毅的品格和坚强的意志，应该具有锲而不舍的精神。但是，我们在具体工作中还是应当进出有度，不拘一格，这样才会适合时宜，才符合社会和自然千变万化的意志，也只有如此才能够离成功越来越近。

田玉洁今年34岁，专科毕业后，在一家建筑设计院作资料员。院领

导多次找她谈话，暗示她这只是暂时的，希望她不要有压力，要多钻研业务，院里缺的是设计精英，根本不缺资料员，只要她能表现出自己的实力，一有机会就马上将她调出资料室。

可是田玉洁不这么看，她觉得自己之所以受到“冷遇”，其实是别人觉得她文凭太低，于是她从一开始当资料员那天起，就厌烦这个工作，因为这离她的理想太远，她想做设计工程师，可是她设计的几个工程，无一例外地都被毙了。她很虚荣，总想在设计院出人头地，看走业务这条路不行，她就想在学历上高人一头，于是一心想考研究生，甚至还规划好了研究生读完再读博士。

可是现实与理想之间毕竟是有着很大差距的，由于底子太差，田玉洁连续考了三年都没有考上研究生，但是她权衡来权衡去，觉得还是应该先把硕士学位拿下来再搞业务比较好。她觉得，反正自己已经是设计院的人了，搞专业什么时候都可以，就算再来新人也得在她后面吧，否则自己的专科文凭将使自己在设计院抬不起头来。

终于有一天，院长非常客气地找她谈话，委婉地表示：设计院虽然有很多人，但每个人在各自领域中都必须具有自己的贡献和不可替代性，可是她却一点也没有，没有单位能够容忍一个出工不出力的员工，所以她从现在起待岗了。

在今天竞争激烈的职场上，田玉洁为自己不切实际的“志向”付出了巨大的代价，她曾是那样地喜欢设计院，喜欢这个职业，别人也给了她这个机会。但不幸的是，她没有把它做好。她的失误就在于面对不切实际的“志向”时，她没有理性、淡定地去思考、去对待，而是不识时务地“一条道走到黑”。

相反，如果遇到理想和现实相冲突时，不要选择盲目、冲动，而应该淡定下来，思考如何处理并选择最合适的解决方法。

刘勇刚是华东师范大学的年轻教授。刚刚结婚，他妻子就患了类风湿

性关节炎卧床不起。女儿出生后，妻子的病情更加重了。面对常年卧病在床的妻子和刚刚满月的女儿，事业上刚刚起步的刘勇刚一筹莫展、心事重重。

一天，他看着怀中的女儿，突然想到，能不能把自己的研究方向定在儿童语言的研究上来？从此，妻子成了他最佳的合作伙伴，可爱的女儿成了他最好的研究对象。家里处处都是纸片和铅笔，女儿一发音，他们立刻作下记载，同时每周一次用录音机记录下文字难以描述的声音。就是这样六年如一日，转眼到了女儿上学的时候，他和妻子开创了一项世界纪录：掌握了从出生到六岁之间儿童语言发展的规律，而国外此项研究记录最长的只到三岁。刘勇刚接着把自己的研究成果编辑成书出版发行，在国内外的语言界引起了巨大的反响。刘勇刚也因此成为儿童语言研究方面知名的专家。

确实，很多时候，埋没天才的不是别人，恰恰是自己。失之东隅，收之桑榆。条条大道通罗马。成功的路不止一条，不要循规蹈矩，更不要放弃成功的信心，既然此路不通，就不要非拴死在这一棵树上。换条路试试，也许成功就在不远处。

在现实生活当中，我们常常因为不能放弃，而不得不面对许多无奈的痛苦，其实这些让我们身陷其中不可自拔的困境，貌似无法解脱，实际上在我们懂得了淡定的艺术之后，一切都会变得豁然开朗了。

有人说：坚持到底就是胜利。但是，当我们的坚持迟迟等不到理想中的结果时，我们是否需要更加淡定一些，然后冷静地考虑是否需要放弃。为了一份沉闷无趣的工作，一个无可救药的朋友，一段毫无希望的等待，一份注定要失败的爱情，而让青春悄悄从手中溜走是不是太迂腐了？

人生箴言：人生苦短，韶华易逝。选定目标就要锲而不舍，以求“金石可镂”。但如果目标不合适，或客观条件不允许，不妨让自己的心沉静

下来，选择淡定的人生态度，想想与其蹉跎岁月，徒劳无功，还不如退一步海阔天空。当你退后一步，选择伸手可及的目标时，或许局面会瞬间柳暗花明，幸福就在你的身旁。

第九章
积蓄力量，等待下一刻爆发

寒山问拾得："世间有人谤我、欺我、辱我、笑我、轻我、贱我、骗我，如何处置乎?"这时，拾得说："忍他、让他、避他、由他、耐他、敬他、不要理他，再过几年你且看他。"这才是聪明人的作法。有的人在他人"欺我、辱我、笑我"的时候，没有让心平静下来，做到淡定，从而和对方大打出手，最终害人害己，后悔一生。所以，与其后悔一生，还不如在他人"欺我、辱我、笑我"的时候，保持淡定的心，慢慢积蓄力量，然后再选择合适的时机昂首出击，这样不是更好吗?

屈辱是一把奋起直追的梯子

巴尔扎克曾经写道："世上所有德行高尚的圣人，都能忍受凡人的刻薄和侮辱。"面对他人的侮辱时，你是否可以做到这一点，可以忍一时之侮辱成就以后的辉煌呢?

在生活中，遭到别人的指责和抱怨的事情常可碰到。遭人指责抱怨，是件极不愉快的事，有时会使人觉得很尴尬，尤其是在大庭广众面前受到指责，更是不堪忍受。但从提高一个人的处世修养角度讲，无论你遇到哪种情况的指责，都应该从容不迫，对者有则改之，错者加以耐心解释，泰然处之。

何梓豪今年刚从大学毕业，他学的是英文，自认为无论是听、说、读、写，对他来说都只是雕虫小技。

由于他对自己的英文能力相当自信，因此寄了很多英文履历到一些外资公司去应征，他认为英文人才是就业市场中的绩优股，肯定人人抢着要。

然而，一个礼拜接着一个礼拜过去了，何梓豪投递出去的应征信函却了无回音，犹如石沉大海一般。

何梓豪的心情开始忐忑不安，此时，他却收到了其中一家公司的来信，信里刻薄地写道："我们公司并不缺人，就算职位有缺，也不会雇用你，虽然你认为自己的英文水平较高，但是从你写的履历看来，你的英文写作能力很差，大概只有高中生的水平，连一些常用的文法也错误百出。"

何梓豪看了这封信后，气得火冒三丈，自己好歹也是个大学毕业生，别人怎么可以将自己批评得一文不值。何梓豪越想越气，于是提起笔来，

打算写一封回信，把对方痛骂一番，以消除自己的怨气。

然而，当何梓豪下笔之际，却忽然想到，别人不可能会无缘无故写信批评他，也许自己真的是太过于自以为是，犯了自己没有察觉的一些错误。

因此，何梓豪的怒气渐渐平息，自我反省了一番，并且写了一封感谢信给这家公司，谢谢他们指出了自己的不足之处，用字遣词诚恳真挚，把自己的感激之情表露无遗。

几天后，何梓豪再次收到这家公司寄来的信函，他被这家公司录取了！

人生多变幻，这是不幸，也算是幸运，因为它给了我们努力的希望和勇气。当然被人欺负、不受尊重，这是不论放在谁身上都会生气的事，可是话又说回来，光发怨气有用吗？可以解决实际问题吗？当然不能。所以，我们不能只怨天尤人，我们要做的是冷静，让自己的心处于淡定的状态，不要让自己小肚鸡肠，不要让自己斤斤计较那些虚无缥缈的名利，不要为眼前暂时的不幸而悲观，不要在乎别人的说法，我们只要在人格上、智慧上和力量上使自己更加强大，许多问题就会迎刃而解了，把怨气变为争气就是这个道理。

美国鼎鼎大名的销售大王史坦雷还是一位16岁的年轻小伙子的时候，在一家著名的五金公司当小店员，每个月领着极微薄的薪水，但仍然心满意足地卖力工作，他希望通过自己脚踏实地的工作，步步高升，前途无限。他做事时永远抱着学习的态度，处处小心留意，想把工作做得尽善尽美。他希望能够获得经理的赏识，提升他为推销员，谁知他的经理对他的印象却恰好相反。

有一天，他被唤进经理室遭到了一顿训斥。经理对他说：“老实说，你这种人根本不配做生意。但你的臂力健硕无比，我劝你还是到钢铁厂当一名工人去吧，那种活不需要大脑！我这里用不着你了。”

“是的，经理。”他说，“你当然有权将我辞退，但你无法消磨我的意志，你说我无用，当然，你也有你的理由，但这并不减损我丝毫的能力。

看着吧！迟早我要开一家公司，规模比你的大10倍。”

从此他借着这次受辱的激励，努力上进，几年后，果然有了惊人的成就。

证严法师曾说：“一般人常说，要争一口气，其实，真正有功夫的人，是把这口气咽下去。”要咽下这口气，并不是所想的那么容易，要有一颗淡定的心。在受到屈辱的时候，能平心静气的面对，过后能化屈辱为力量，时刻鞭笞自己，努力前行，创造成就。

人生箴言：现实生活中难免会遇到别人的指责和屈辱，这时不妨做到沉着冷静，把屈辱当做一把梯子，勇敢地把它踩在脚下，踩着它向上爬，成功和美丽就在不远处等着你。

把“鸭梨”转化为“冻梨”

铁人王进喜曾经说过这样一句话：“人无压力轻飘飘，井无压力不出油。”是的，人是需要一定的压力的，没有压力就没有前行的动力，压力是人奋斗的力量。人只有能经受住压力的考验，才能登上成功的巅峰。

在美国麻省学院曾经进行了一个很有意思的实验。实验人员用很多铁圈将一个小南瓜整个箍住，以观察当南瓜逐渐长大时，对这个铁圈产生的压力有多大，最初他们估计南瓜最大能够承受500磅的压力。

在实验的第一个月，南瓜承受了500磅的压力；实验到第二个月时，这个南瓜承受了1500磅的压力；当它承受到2000磅的压力时，研究人员须对铁圈加固，以免南瓜将铁圈撑开。最后，正个南瓜承受了超过5000磅的压力后瓜皮才产生破裂。

他们打开南瓜，发现它已经无法再食用，因为它的中间充满了坚韧牢固的层层纤维。为了吸收充分的养分，以便于突破限制它生长的铁圈，它所有的根往不同的方向全方位地伸展，直到控制了整个花园的土壤与资源。

由南瓜成长想到人生，我们对于自己能够变得多么坚强常常毫无概念。假如南瓜能够承受如此巨大的压力，那么人类在相同的环境下又将能承受多少压力呢?

人们常说：没有压力，就没有动力，压力越大，则动力越大。人生其实就是这样，当承受巨大压力时，人总是最脆弱、最无助的，但是如果能够坦然接受，勇敢地面对，想办法解决问题，那么这种压力非但不会置我们于无助的境地，反倒能够让我们变得更加坚强。

据说在沙漠中远行，最可怕的不是眼前的一片荒凉，而是心中没有一壶清凉的希望。

在茫茫无垠的沙漠中，有一支探险队在负重跋涉前进。

沙漠中阳光很强烈。干燥的风沙漫天飞舞，而口渴如焚的队员们没有了水。

当队员们失望地准备把生命交付给这茫茫戈壁时，探险队的队长从腰间拿出一只水壶。说：“这里还有一壶水。但穿越沙漠前，谁也不能喝。

从水壶从队员们手里依次传递开来，沉沉的，一种充满生机的幸福和喜悦在每个队员濒临绝望的脸上弥漫开来。

终于，探险队员们一步步挣脱了死亡线，顽强地穿越了茫茫沙漠。当他们相拥着为成功喜极而泣的时候，突然想到那壶给了他们精神和信念以支撑的水。

拧开壶盖，汩汩流出的却是满满一壶沙。

探险队长为了给队员制造希望，特意举着那个盛满沙子的水壶给队员们看，然后在手里依次传递开来，并告诉队员穿越沙漠前，谁也不能喝这

壶水。正是因为这一压力，队员们才没有对这壶水的真实性加以怀疑，从而也就为穿越沙漠制造了可能。

坚持一下，成功就在你的脚下。持之以恒地挑战挫折，直到最后的成功。让压力成为你冲向终点 的动力。一个绝境就是一次挑战、一次机遇。只要坚持一下，总有一天你会成功。

驴子不小心掉进枯井，农夫绞尽脑汁想救出驴子，但驴子还是在井里哀嚎。最后，农夫决定放弃。于是请人帮忙一起将井中的驴子埋了，以免除它的痛苦。人们将泥土铲进枯井中，当驴子了解到自己的处境时，刚开始哭得很凄惨。但一会儿后就安静下来。农夫好奇地发现：当铲进井里的泥土落在驴子的背部时，驴子将泥土抖落在一旁，然后站到泥土堆上！就这样，这只驴子很快上升到井口，然后在众人惊讶的表情中快步地跑开了！在生命的旅程中，有时候我们难免会陷入“枯井”里，会被各式各样的“泥沙”倾倒在我们身上，而想要从这些“枯井”脱困的秘诀就是：将“泥沙”抖落掉，然后站到上面去！美国银行家路易斯·B·蓝柏格对此提出：压力只有在能承受它的人那里才会化为动力，这就是“蓝柏格定理”。

压力是一种动力，更是一种契机。给你带来痛苦，给你带来疲惫，更给你带来机遇，带来成功。

人生箴言：当下有句很时髦的话：如果你有“鸭梨”，就把它放进冰箱，那么“鸭梨”就会变成“冻梨”。当然，这里的“鸭梨”和“冻梨”分别是“压力”和“动力”的谐音词，主要是说人生要有压力，有了压力才会成为动力，才会成为你成功的基础。

从容淡定，把握人生大局

纵观历史，凡有建树成就之人大多都是那些身处逆境和挫折中能沉住气、不消沉、奋起搏击的强者，他们是人中豪杰，拥有着超乎常人的意志力，在碰到艰难险阻或陷入困境时，在众人都混乱不堪时，他们却能沉得住气、从容应付，最终以淡定的姿态，以成功者的身份出现在众人的面前。

每个人的人生犹如一个滚滚向前的车轮，在此起彼伏的轮转中漫游千里；每个人的人生犹如一座绵延不断的山脉，在跌宕起伏的峰峦中续写传奇。正如此，才会有“天有不测风云，人有旦夕祸福”的俗语，人生在世，才会有幸福美满、福禄双至；才会有荆棘丛生、坎坷跌宕。

但是不管是福禄还是坎坷，人生不是一成不变的，而是不断发展着、变化着、转换着，一时运气不佳，并不等于一世命运不济。所以，我们在面对变幻莫测的时势时要沉得住气。能沉得住气，凡事便能应付自如，万千阻碍也会迎刃而解；能沉住气，便能明辨是非，克服局限，大难当头也能化险为夷；能沉住气，便能完善自我，抛弃痛苦，大事化小，小事化无；能沉住气，便能以从容的心态乐观地生活，心神安定地享受每一天。

383年，前秦皇帝苻坚率领着号称百万的大军南下，志在吞灭东晋，统一天下。当时东晋的军队数量远远比不上前秦，东晋首都建康一片震恐。丞相谢安认为，敌我兵力虽然悬殊，可是敌军孤军深入，内部矛盾重重，战斗力并不太强，东晋以少胜多是完全可能的。他镇定自若，以征讨大都督的身份负责军事，并派了谢石、谢玄、谢琰和桓伊等人率兵八万前去抵御。

谢玄心中忐忑，临行前向谢安询问对策，他只回答了一句：“我已经安排好了。”便绝口不谈军事。谢玄心中还是没底，又让张玄去打听。谢安仍然闭口不谈军事，却拖着他下围棋。张玄的棋艺本来远在谢安之上，但此时兵临晋境，张玄沉不住气，谢安则神气安然，结果张玄输在谢安的手里。

果然，东晋军队利用前秦军心不稳的弱点，在淝水之战中以少胜多、大败敌军。当捷报送到时，谢安正在与客人下棋。他看完捷报，便放在座位旁，不动声色地继续下棋。客人憋不住问他，谢安淡淡地说，没什么，“小儿辈大破贼。” （因为谢玄等是谢安的子侄辈)直到下完了棋，客人告辞以后，谢安才抑制不住心头的喜悦，进屋的时候，把木屐底上的屐齿都碰断了也没发觉。

谢安不是没有喜怒哀乐，在强敌压境的危急关头，不害怕、不紧张是不可能的。但是，放纵自己的情绪无济于事，只有保持冷静，才能做出正确的判断。谢安的高明之处是把情绪控制在了合适的范围，所以才取得了成功，在乱世之中既保全了自己，又保护了国家。

不但战场如此，人在所有的场合都应当从容行事。

人的一生难免经历起起落落，遇到一些大困难或大挫折，有些人会因此丧失斗志、一败涂地，有人会因此堕落消沉、萎靡不振，但胸怀壮志、沉得住气的人却会越挫越勇、屡败屡战。他们不管遇到什么情况，都能保持沉着从容的心态，做到猝然临之心不惊，身处剧变神不慌，保持从容镇定，以清醒的神智，做出迅速、准确的反应，采取积极的措施，克服困难，一步步挽回败局，最终控制大局，化险为夷，转败为胜，取得最后的胜利，实现心中的蓝图!

人生箴言：从容淡定，是智慧的体现，是一门高深的学问。除了有助于事业的成功，更重要的还在于体现人的境界、胸怀，只有真正成熟的人

才能做到。明代的吕坤说：“天地万物之理，皆始于从容，而卒于急促。”又说：“事从容则有余味，人从容则有余年”。可见，从容既是处世之道，又是养生之道。

聪明的商人父子

“临危不惧”很常见的一个成语，是说人在危险情况下，也能保持淡定、冷静，而不慌乱、恐惧。这是人的一种境界，一种智慧。有的人会被危险吓退或鲁莽丧生，而有的人在危险面前保持冷静和理性的心态，运用智慧把握机会，避过风险。所以在危险到来时，我们最应该做的就是冷静对待，保持淡定的情绪。

商人狄利斯和他长大成人的儿子一起出海远行。他们随身带上了满满一箱子珠宝，准备在旅途中卖掉，他们没有向任何人透露过这一秘密。一天，狄利斯偶然听到了水手们在交头接耳。原来，他们已经发现了他的珠宝，并且正在策划着谋害他们父子俩，以掠夺这些珠宝。狄利斯听了之后吓得要命，他在自己的小屋内踱来踱去，试图想出个摆脱困境的办法。

儿子问他出了什么事情，狄利斯于是把听到的全告诉了他。

“同他们拼了!”儿子断然道。

“不!”狄利斯回答说，“他们会制服我们的!”

“那把珠宝交给他们?”

“也不行，他们还会杀人灭口的。”

两人不再慌张，而是坐下来冷静地想了想，终于计上心头。

过了一会儿，狄利斯怒气冲冲地冲上了甲板。“你这个笨蛋儿子!”

他叫喊道，“你从来不听我的忠告!”

“老头子!”儿子叫喊着回答，“你说不出一句值得我听进去的话!”

当父子俩开始互相漫骂的时候，水手们好奇地聚集到周围。老人然后冲向他的小屋，拖出了他的珠宝箱。

“忘恩负义的家伙!”狄利斯尖叫道，“我宁肯死于贫困也不会让你继承我的财富!”说完这些话，他打开了珠宝箱，水手们看到这么多的珠宝时都倒吸了凉气。狄利斯又冲向栏杆，在别人阻拦他之前将他的宝物全都投入了大海。

过了一会儿，父子俩都目不转睛地注视着那只空箱子，然后两人躺倒在一起，为他们所干的事而哭泣不止。后来，当他们一起呆在小屋时，狄利斯说：“我们只能这样做，孩子，再也没有其他的办法可以救我们的命了!”

“是的，”儿子答道，“您这个法子是最好的了。”

父子俩的聪明无疑是让人敬佩的，但是更让人敬佩的是他俩临危不乱的精神。

一日凌晨，唐山市海上搜救中心响起急促的电话铃声。原来受到西伯利亚冷空气的影响，唐山海域出现狂风，大风和潮流叠加，在海面上掀起数米高的大浪。“伟联095”轮搁浅，船上有6人，船舱大量进水，情况危急，请求救助。搜救中心立即高速运转起来，搜救中心常务李副主任亲自到搜救中心坐镇指挥。

经过对遇险船舶的定位，中心决定协调“北海救196”轮前往救助，并联系北海救助飞行队。因条件所限，目前救助直升机不具备夜航能力。但“伟联095”的形势却相当危险，船体开始倾斜，大浪裹带泥沙从船上掠过，船舶随时都有倾覆的危险。六名船员一旦落水，瞬间就会被狂风恶浪吞没，险情恶化到非常严重的境况。

在这危难之中，李副主任号召大家稳定情绪，立即采取有效措施防止

船舶倾覆，等待救援。“迅速联系北海救助局，再次请求直升机救援”，李副主任从容地下达了命令。此时正是天亮前最黑暗的时刻，也是六名船员兄弟的生命承受最艰难考验的时刻。“和遇险船员保持联系，稳定他们情绪，要求穿妥救生衣，采取保暖措施。”李副主任继续下着命令。

终于，天亮了，但是风浪依然肆虐着，遇难船舶不断报告着最新险情，已经到了刻不容缓的地步。李副主任在不断稳定遇险船员情绪同时，再次请求北海救助局尽快派出直升机前往救助。不久，专业救助直升机从山东蓬莱起飞了。“联系难船，要求船长与直升机取得联系，集中全体船员，等待救助。”李副主任丝毫没有松懈，依然从容地下着指令。

当搜救中心收到“六名船员全部成功救上飞机，已返回蓬莱基地”的消息时，李副主任才显现出一丝放松的神情，并诚挚感谢了所有参与救助的人员。

当危难来临时，像李副主任这种不受情绪影响的人，才能镇定自若地理智处理，寻求出最妥当、最完美的解决方案。

人生箴言：为了梦想一路追寻的过程中，所谓的一帆风顺注定只是无法实现的美好童话，我们总会遇到一些挫折和打击。如何面对未知的危险和磨难呢？是懦弱退缩还是临危不惧？毫无疑问，临危不惧是强者的选择。

保持冷静，临危不乱

临危不乱源自于个人内心的信念，是从容的大智大勇，是一种勇气支持下坚决的一往无前，展现着强者无畏的风采。

很久以前的一个深夜，一伙蒙面强盗闯入一家殷实富户。主人夫妇被从床上拖了起来，吓得浑身筛糠似的发抖。

“快，快把柜门、箱笼的钥匙交出来!”强盗们扬着宝剑，直逼主人的喉咙。那剑刃兀自闪着死亡的寒光。

主人夫妇不敢怠慢，哆哆嗦嗦地到梳妆台上寻出一串钥匙。强盗们立即分散奔入各个房间，翻箱倒柜。顿时，卧室、厅堂、书房，全给搅得狼藉不堪。

此时，有个小丫头见状十分愤怒，猛生一计。她装出十分害怕的样子，对放哨的强盗哭哭啼啼地说：“叔叔，我冷，我冷，让我到厨房里去暖和暖和。”

那强盗见小丫头不满10岁，又不是要求出门，就不以为意，很不耐烦地说：“去吧!”

小丫头获得允诺，马上跑进厨房，将门儿拴上。拿着了敲火石，点着了油灯，并往灶间塞进几大把稻柴，将火点着了，然后，她推开窗子，越窗跳入后院，将窗子关好。

放哨的强盗走到厨房门前，朝门缝里窥探了一下，只见油灯闪亮，灶膛间透出红光，估计那小丫头正蹲在灶前取暖，便重新回到厅堂门前放起风来。

且说那小丫头来到后院，即刻敲石引火，将靠近围墙的一垛稻草堆点燃。顿时，火苗呼呼地往上蹿。火借风势，风助火威，那后院小半个天空就变红了，村上的人们纷纷给惊醒了。一下子，人群包围了那家富户：拎着桶的，擎着扁担的，埋头搜索财物的强盗们听见外面人声喧闹，猛然惊觉，要想外逃，可是为时已晚，他们全被村民们活捉了。

村民们无不赞许小丫头随机应变的智慧。

同样临危不惧还有抗震英雄任亚峰。在汶川地震的救援中，他所带连队英勇顽强，为抗震救灾做出突出贡献，被所在军区授予集体一等功。

接到上级参加抗震救灾命令后，任亚峰所在部队火速从驻地出发，到达重灾区青川县，是第一支到达青川的解放军部队。部队到达青川后，任亚峰便不顾长途乘车的疲劳和身患胃溃疡的病痛，立即组织全连官兵连夜抢运物资。

根据上级安排，任亚峰带领全连官兵冒着余震不断、山体滑坡、道路塌方的危险，穿越两面山体塌方的滚石区、树木横七竖八的丛林区，翻越高差 2800 余米的柿坪山，穿过 6 条 1 米多深的河流，深入“三乡一镇”执行抗震救灾任务。在三锅乡营救生还者期间，任亚峰临危不惧、身先士卒，不顾个人安危，第一个冲向倒塌的废墟，带领全连官兵勇敢顽强地在频频来临的余震中紧急展开救援。他们充分发扬连续作战的精神，上演了一场时间与速度、意志与体能的竞赛。在缺少相关营救器材的情况下，全连官兵用手挖、手抠，硬是从死神的手里抢救出了 8 名被掩埋在废墟里的群众。

得知三锅乡柿坪山上还有两位老人被困后，任亚峰便带人沿着泥泞弯曲的山路，冒着余震随时可能引发泥石流的危险，经过数小时的艰苦跋涉，终于在山顶找到了两位老人。在任亚峰组织官兵将两位老人往山下抬时，突然发生 6．4 级余震。霎时，地动山摇，任亚峰迅速组织战士围成人墙，将两位老人护在中间，并指挥大家紧急避险。

余震过后，他们踏着松软的沙石，小心翼翼地将两位老人安全送至山下。看到这一情景，当地群众无不动容，特意送来了书写着“情系人民显本色，临危不惧真英雄”的锦旗，并握着他的手连连感叹：“任连长，不简单啊！真不敢想象你们是怎样把老人从乱石堆里抬下山的啊!”

临危不惧不是蛮干，而是在“明知山有虎，偏向虎山行”的勇气的鼓舞下，以沉着睿智的应变能力，寻找脱离逆境、争取成功的最佳途径。

人生箴言：面对某些危险情况时，不要惊慌害怕，也不要大声呼叫，

静下心来冷静思考，才会想出绝妙的办法。也就是说，不管情况有多么糟糕，都不要乱了阵脚，这样才有可能摆脱困境。

打破心魔，实现“不可能”

在这个百舸争流的竞争时代，挑战无处不在。对于一些懦弱的人来说，他们常被困难、挫折所吓倒，“不可能”成为他们嘴里常用的词语。而对于坚强的人来说，挑战就是小菜一碟，他们毫不把那些困难放在眼里。所以，人只要敢于挑战“不可能”，并且坚持下去，就会获得成功的机遇。

旺旺集团老总蔡衍明出生于我国台北一个富贵家庭。19岁时，高中毕业的他主动请战去到父亲的宜兰食品厂当总经理。当年，宜兰食品厂只是一家生产外来品牌的食品加工厂，并不具有自主品牌的产品。蔡衍明总觉得做贴牌生产是要看别人的脸色，仅凭这一点就不是蔡衍明行为处事的一贯作风，于是他决定生产自己品牌的产品，并开始生产起了“浪味鱿鱼丝”，结果因不了解行情遭遇惨败。

这并没有把要强的蔡衍明所打倒，“不可能”三个字绝不会出现在他蔡衍明的人生中。所以他总结经验，自动收敛起以往招摇的形象，刻苦寻求东山再起的时机。三年后，机会终于开始向他招手。

为了创出自己的品牌，蔡衍明了解到台湾的稻米资源一直是处于过剩状态，多出来的稻米可以加工成附加值较高的副食品——米果，这个想法一旦形成于蔡衍明的脑中，就立马成为了他向前直冲的动力。这一想法却不被亲人、朋友们认可，认为这是不可能的事，台湾还没有成熟的生产

米果的技术。

但是不服输的蔡衍明为了证明给大家看，从日本引进生产米果的技术。在获得日本三大米果厂之一的岩冢制提供的技术支持后，蔡衍明很快就趁势推出了旺旺产品，并迅速占据了台湾米果市场老大的地位。而如今，旺旺食品更是成为家喻户晓的品牌。

蔡衍明的成功说明了只要敢于挑战，世上就没有不可能成功的事。“不可能”是人的一个心魔，人生中除了自己，再没有人能够打破心魔，阻碍自己实现一个又一个的“不可能”!所以，不管什么时候，都不要对自己说“不可能”。

曾经，动画王国的缔造者沃尔特·迪斯尼经过自己的不懈努力终于成功地拍摄了卡通片米老鼠，人们纷纷称道。谁料，沃尔特却又向大家宣布自己要拍一部卡通电影。沃尔特信心十足地说：“我要让世界上的第一部动画电影出自我的手笔!”

人们惊讶了，面面相觑，不敢相信，纷纷发出了这样的声音：“不可能。”“绝对不可能。”影评专家也讥讽说：“谁能相信，观众愿意观看一部长达 80 分钟的卡通电影?”媒体也表示嘲笑：“没人会看好一部长片，这完全是迪斯尼的傻劲!”……

因为，在当时，卡通片常常仅有短短十几分钟，并且还只是作为电影正式开始之前的串场节目形式出现。

面对所有人的否定，沃尔特并没有动摇。相反，他笑笑鼓励自己说：“我就喜欢完成一项接着一项的‘不可能’的任务。”为了这个目的，也为了让人们相信自己，沃尔特精心准备，发表了一次又一次极具感召力的演讲；沃尔特用心研究，投入了表演；沃尔特真诚地邀请一个又一个的艺术家。功夫不负有心人，在沃尔特的努力下，他不仅堵住了人们的嘴巴，而且还聘请到了多达三百多位卡通电影拍摄者。

在沃尔特的带领下，所有人员潜心拍摄，不仅在卡通片中加入了其他

制片厂觉得无法实现的动作，而且还制造出了由几种音响汇合而成的人们从来都没有听到过的多种声音。这样的大手笔使得这部卡通片的拍摄预算一直狂飙，从最初的50万美元，最终攀升到了200万美元。而且这部卡通片的拍摄一直持续了4年，在这4年里的每一刻，沃尔特都在努力。

终于，沃尔特真的将“不可能”变成了“可能”，拍摄了世界上的第一部卡通电影，并且取得了巨大的成功，使整个好莱坞都陷入癫狂。不仅如此，他还同时创造出了世界首部发行原声音乐的电影，世界首部使用多层摄影机拍摄动画等等多个荣誉。

人生箴言：一切事情皆有因果。人之所以会失败，就是因为内心不够强大，心中住着一个叫“不可能”的心魔。所以人在失败时，总会给自己找一些“这不可能”“那不可能”的理由，以求心安。打破心魔，让内心强大起来，变“不可能”为可能吧！

不蒸馒头争口气

在生活中，人总是会有顺境，也有逆境，人的一生有巅峰，也会有低谷。每个人都希望自己被人重视、受人尊重、得到大家的欢迎，但有时又难免会被人嘲弄、受人侮辱、遭到别人的排挤。面对这些嘲笑、侮辱，如果只是一味地抱怨、生气，那么就注定了你永远是个弱者，而真正的强者是学会坚强，积极向上，以平和的心态，让自己做得更好，这样才能使自己的人生过得更快乐更充实，正如人们常说的只有心中咽下了怨气，才能争气。

拿破仑的父亲是一个极高傲但是穷困的科西嘉贵族。父亲把拿破仑送进了一个在布列纳的贵族学校，在这里与拿破仑往来的都是一些在他面前极力夸耀自己富有而讥讽他穷苦的同学。这种讥讽拿破仑的行为，虽然引起了他的愤怒，而他却只能一筹莫展，屈服在威势之下，毕竟自己是穷苦出身，而他们都是富人。后来实在受不住了，拿破仑写信给父亲，说道："为了忍受这些外国孩子的嘲笑，我实在疲于解释我的贫困了，他们唯一高于我的便是金钱，至于说到高尚的思想，他们是远在我之下的。难道我应当在这些富有高傲的人之下谦卑下去吗？这种日子真的还要这么持续几年吗？"

"我们没有钱，如果你不愿意一辈子被人这样嘲笑，你就必须在那里读书。"这是他父亲的回答。拿破仑因此忍受了5年的痛苦。从那时起每一种嘲笑，每一种欺侮，每一种轻视的态度，都使他增加了决心，他发誓要做给他们看看，自己将来一定会高于他们的。他是如何做的呢？这当然不是一件容易的事，他一点也不空口自夸，他心里暗暗计划，决定利用这些没有头脑却傲慢的人作为桥梁，去使自己得到技能、富有、名誉和地位。

拿破仑到了部队时，看见他的同伴正在用多余的时间追求女人和赌博，而他那不受人喜欢的性格使他决定改变方针，用埋头读书的方法，去努力和他们竞争。读书是和呼吸一样自由的，因为他可以不花钱在图书馆里借书读，这使他得到了很大的收获。他并不是读没有意义的书，也不是专以读书来消遣自己的烦恼，而是为自己理想的将来作准备。他下定决心要让全天下的人知道自己的才华。因此，在他选择图书时，也就是以这种决心为选择的范围的。他住在一个既小又闷的房间内。在这里，他面无血色，孤寂、沉闷，但是他却不停地读下去。他想象自己是一个总司令，将科西嘉岛的地图画出来，地图上清楚地指出哪些地方应当布置防范，这是用数学的方法精确地计算出来的。因此，他数学的才能获得了提高，这使他第一次有机会表示他能做什么。

拿破仑的长官看见他的学问很好，便派他在操练场上执行一些工作，这是需要极复杂的计算能力的。他的工作做得极好，于是他又获得了新的机会。他开始走上有权势的道路了。这时，一切的情形都改变了。从前嘲笑他的人，现在都涌到他面前，想分享一点儿他的奖金；从前轻视他的，现在都希望成为他的朋友；从前讥笑他是一个矮小、无用、死用功的人，现在也都改为尊重他。他们都变成了他的忠心拥戴者。

难听的话像一把锐利的剑，可以直接刺穿你的心脏，不过你也可以在它刺向你的时候伸手握住它，使它成为你的利器。有的人能够很坦然地面对这一切，表面上不动声色，暗地里鼓足了劲儿，发誓有一天要让别人大吃一惊，痛并快乐着；有的人却整天为一点小事火上心头，甚至悲观丧气，怨天尤人，结果只能让别人更加看不起你。所以不要让自己的人生充满了遗憾，换个角度想想，如果我们自己足够优秀，会得到别人的嘲讽吗?

把心放开，不要因一时的嘲笑、侮辱而让自己变得萎靡不振，相反积极向上，夯足自己的底气，这才是聪明人争气的最好方法。

人生箴言：俗话说“不蒸馒头争口气”。人在面对挑衅的时候，最先要做的就是让自己冷静，寻找各种办法加强自己的实力，夯足自己的底气，然后主动出击，展现完美的成绩，使别人对你刮目相看。

不给自己的人生设限

人的一生难免遇到一些难以搞定的事情，对这些事情的态度，有的人是自动放弃，只因那是“不可能的事”，而有的人则拼尽全力，让那“不

可能”变为“可能”，乔治·赫伯特就属于第二种人。

美国有一所学会以培养出色的推销员享誉国内外，它就是美国的布鲁金学会。布鲁金学会有一个传统：在每一期学员毕业的时候，学会就会给学员们布置一道最能体现出销售员实力的题目，让同学们攻克。

曾经，布鲁金学会在克林顿当政的八年间，所设计的题目是：请把一条三角裤推销给现任总统！然而，八年时间流逝，无数优秀的学员踌躇满志、想尽办法、竭尽全力，都没能成功。

布什总统上任后，布鲁金学会将这道实习题目改成了：请把一把斧子推销给现任总统。并且许诺，如果谁能够做到，那么学会便会将刻有“最伟大的推销员”的金靴子奖授予他(她)。

鉴于前八年的失败与教训，许多学员都认为这是不可能的事，便知难而退，主动放弃。

但是，有一个名叫乔治·赫伯特的学员却不这样想，他相信世界上没有什么是不可能的，他一定要努力尝试一下。经过调查，乔治·赫伯特发现布什总统有一个农场，里面种满了树木。于是乔治·赫伯特就给总统写了一封信，说：有一次，我有幸参观您的农场，发现里面长着许多矢菊树，有些已经死掉，木质已变得松软。

我想，您一定需要一把小斧头，但是从您现在的体质来看，这种小斧头显然太轻，因此您仍然需要一把不甚锋利的老斧头。现在我这儿正好有一把这样的斧头，它是我祖父留给我的，很适合砍伐枯树。假若您有兴趣的话，请按这封信所留的信箱，给予回复……

结果，布什总统汇去 15 美元购买了这把斧子。而乔治·赫伯特成功收到了布鲁金学会的表彰，成为空置 26 年的金靴子奖的获得者。

看，世上并没有什么“不可能”，造成“不可能”的最重要的原因便是限制自己。只要你放下心理障碍，只要你艰苦不懈地为目标奋斗，只要你愿意让一切都成为“可能”，那么你想要做的事情一定会成功，你的人

生中便会有许多“不可能”变成“可能”！

查尔斯曾经是一家报社的广告业务员。在工作开始后，他就列出了一份清单，上面是他准备去拜访的一些重要的客户，公司其他业务员都认为让这些客户来买他们报纸的版面，简直是天方夜谭。

但是查尔斯并不这么认为。在拜访这些客户前，查尔斯会先把自己关在屋里，站在镜子前，把名单上的客户念了10遍，然后对自己说：“在本月之前，你们将向我购买广告版面。”

之后，查尔斯怀着坚定的信心去拜访每一位客户。第一天，他以自己的努力和智慧与20个“不可能”的客户中的3个谈成了交易；在第一个月接下来的日子里，他又谈成了两笔交易；到第一个月月底的时候，他的名单上只有一个人还不买他的广告。

尽管取得了令人意想不到的成绩，但查尔斯却没有感到满足，他坚持要把最后一个客户也争取过来。第二个月，查尔斯没有去发掘新客户，每天早晨，那个拒绝买他广告的客户的商店一开门，他就进去劝说这个商人做广告。而每天早上，这位商人的回答都只有一个字：“不!”每一次查尔斯都假装没听见，然后继续前去拜访。到第二个月的最后一天，对查尔斯已经连着说了数十天“不”的商人口气缓和了些：“你已经浪费了一个月的时间来让我和你达成这笔交易，我现在想知道的是，你为何要做这件几乎不可能做到的事。”

查尔斯说：“我并没浪费时间，我在上学，而你就是我的老师，我一直在训练自己在逆境中的坚持精神，你是一位很成功的老师。”那位商人点点头，接着查尔斯的话说：“我也要向你承认，我也等于在上学，而你就是我的老师。你已经教会了我主动接受挑战这一课，对我来说，没有比它再有价值的东西了。为了向你表示我的感激，我要买一个广告版面，当做我付给你的学费。”

在生活中，很多人在遇到困难时，总会认为自己不可能克服，从而不

敢尝试。其实，事情也许并没有想象中的那样无法完成，你所认为的“不可能”，只是自己内心的恐惧，能否完成还要看你自己是否去尝试，是否去尽力。很多事情，如果以“必须完成”或者“一定能做到”的心态去拼搏奋斗，你一定能取得令人仰慕的成功。

人生箴言：人生没有什么不可能。要想取得更大的成功，我们必须尽力挖掘自己的潜能，大声对自己说：没有什么是不可能的！不给自己设限，你的人生就没有限制。

人生需要勇气的扶持

有首歌的名字叫《勇气》，虽然歌词内容主要是写爱情，但是勇气并不只适用于爱情，人生中的一切皆可适用。不管是谁，都需要勇气的扶持，没有勇气，你便会渐渐消沉下去，堕落下去，成功和梦想永远都不会属于你！没有勇气的人就像失去了脊柱，直不起腰，挺不起背来，只能匍匐在人生之路上，阳光照不到他的身上，幸运女神也绝不眷顾这样的人。

大学毕业的杜书桓幸运地进了一家大公司，并被总部派到分公司负责财务工作。一天，财务部电话响了半天，书桓过去接，电话那头是个中年男子，听到他的声音劈头就问：“你是哪位？”书桓很纳闷，于是问道：“请问先生，您找哪位？”对方好像很急，说：“你是新来的吧，态度不好呀！”杜书桓一听奇怪了，反驳道：“先生，您打电话当然要说找哪位，您怎么能开口就问别人是谁呢？”不等他说完，对方就挂断了电话。

没过多久，总经理带着几个部门负责人来分公司做市场调研，并与员

工们一起开座谈会。座谈会主要讨论消费者投诉产品说明书不够明晰、用语不标准，从而影响阅读的问题。分公司经理和几个业务人员都提了一些意见，但都不痛不痒。轮到杜书桓时，老总看了他一眼，笑了笑，问："你是新来的？上次我打电话是你接的吧？当时我有点急事，所以用语不很标准，请你原谅!"杜书桓忙站起来道歉，说真的不知道电话那边就是总经理。总经理摆摆手："没事，本来就是我不对，你也可以发表一下对说明书的看法呀。"事已至此，杜书桓大胆直言，就把自己对产品说明书的看法和盘托出，说的过程中杜书桓似乎感觉到分公司经理碰了一下他的腿，但杜书桓没在意，一口气说完，老总一直带着微笑看着杜书桓，不时点头。散会后，分公司经理把杜书桓拉到一旁，说："很多事情你不知道，不要乱说嘛。你知道说明书是谁写的？是老总夫人呀!"杜书桓一听头大了，心想真是祸不单行，等着被炒吧。

果然，没过多久，人力资源部下达了通知，不过不是被炒，而是把杜书桓调到总部审计部任分支机构财务审计。办了入职手续后，人事部经理笑着走过来，拍拍杜书桓的肩说："杜书桓，好好干，老总很欣赏你的胆识呀，说你有一种初生牛犊不怕虎的从容和勇敢啊，不要辜负老总的希望啊。"几年后，杜书桓就升职为审计部副部长，成为公司年轻有为的学习榜样。

勇气可谓是人前进的动力，有句话说得好：你的勇气就是你真正的主人，勇气的大小决定了你事业的大小。一个人有勇气，其外在表现就是从容、强势、果断、冒险。人有勇气才能从容，从容才敢于冒险，才能敢作敢为而不是畏首畏尾、瞻前顾后，才能成就不凡的事业。

达·芬奇在30岁的时候，仍然还不为人知。但是，他并没有因此气馁，达·芬奇相信自己可以取得成功，并且勇敢地争取。

经过考虑，达·芬奇投奔于一位公爵的门下，希望可以得到指导和器重。

几年后，在达·芬奇的再三要求下，公爵总算开了恩，让他去给圣玛丽亚修道院的一个饭厅画幅装饰画。这本是一件没人爱干，无足轻重的活计，但达·芬奇却勇敢地承担了下来，他相信有朝一日，自己一定可以取得巨大的成功。每天达·芬奇都努力作画，一丝不苟地工作着，他这种为实现梦想的勇敢精神一刻也没有停下。

就这样，达·芬奇的眼界和能力都得到不断的提升。最终，五百年后的今天，这幅《最后的晚餐》让达·芬奇名扬天下。

是勇气成就了达·芬奇，是勇气给了达·芬奇力量。没有勇气，达·芬奇成就不了那么壮观的作品；没有勇气，达·芬奇实现不了他素昧以求的梦想。勇气，一切成功皆来源于勇气！

人生箴言：人生不需要太多的精彩，只需在梦想未完成时，拥有足够向上的勇气，这便是人生的最精彩之处。人要平凡地活着，但并不是不思进取，而是要以一种积极的心态，平凡地活在这个世上！

放下心事，别让自己太烦恼

在一个小镇上有一位五金店老板，每天总是乐呵呵的，看上去整天都很快乐的样子。他经营了小店多年，有了点小积蓄，但是对钱却看得很淡，从来就不关注自己的店里每天到底卖了多少东西，也从不去计算每天赚了多少净利润。

他有个儿子是会计师，不止一次地建议父亲记账，并养成定期盘点的习惯，可父亲总是不听。这一天，儿子又对父亲说：“爸爸，我实在搞不

清您是怎么做买卖的！你从来不记账，根本无法知道自己赚了多少钱。现在我已经做了会计师，我想我可以给您设计一套现代化会计系统，好吗？”

父亲说：“孩子，我想这些完全没有必要。想当年我在创业的时候，只有一身衣服和一百多块钱。后来我开始做点小生意，辛勤工作攒了点钱后，开了这家五金店，现在我又把你和你姐姐抚养成人。我和你妈妈有一所挺不错的房子，还有两部汽车。如果用我的记账方法来算，我现在拥有的一切一项一项都加起来，扣除那一身衣服和一百多块钱，剩下的全都是利润。”

儿子听了父亲的话，有所感悟，不再说什么了。

在生活中，我们经常见到许多人处于人生低谷时一味地抱怨、苦恼，大声地哭诉着生活对自己是如此的不公，长期沉溺其中不能自拔，终日被泪水和无奈的情绪包围着。其实，仔细想来，抱怨、折磨自己又有何用？只能徒增自己的痛苦，让自己堕落得更深、更惨罢了！一切看开、看淡，别让美好的心灵受到烦恼的束缚，一切都用淡定的心去面对，何愁人生不快乐、不幸福呢？

苏格拉底是单身汉的时候，和几个朋友一起住在一间只有七八平方米的房间里，但他一天到晚总是乐呵呵的。有人感到奇怪，就问苏格拉底说：“那么多人挤在一起住，连转个身都困难，你有什么可乐的？”

苏格拉底说：“朋友们在一块儿，随时都可以交换思想，交流感情，这难道不是很值得高兴的事儿吗？”

过了一段日子，朋友们一个个成了家，先后搬了出去。屋子里只剩下了苏格拉底一个人。每天，苏格拉底仍然很快活。

那人又问：“你一个人孤孤单单的，这有什么好高兴的？”

苏格拉底说：“我有很多书哇，一本书就是一个老师。和这么多老师在一起，时时刻刻都可以向它们请教，这怎么不令人高兴呢！”

若干年后，苏格拉底也成了家，搬进了一座大楼里。这座大楼是多层

建筑，苏格拉底的家在最底层。底层在这座楼里是最差的，不安静，不安全，也不卫生，上面老是往下面泼污水，丢死老鼠、破鞋子、臭袜子等杂七杂八的脏东西。那人见苏格拉底还是一副喜气洋洋的样子。

“你住这里也那么高兴吗?”

“是呀!”苏格拉底说，“底楼有底楼的好处，进门就是家，不用爬很高的楼梯，不必花很大的劲儿；朋友来访容易，用不着一层楼一层楼地去叩问……特别让我满意的是，可以在空地上养一丛一丛的花，种一畦一畦的菜。这些乐趣没法儿说!”

过了一年，苏格拉底把一层的房间让给了一位朋友，这位朋友家有一个偏瘫的老人，上下楼很不方便。他搬到了楼房的最高层——第七层。每天，苏格拉底仍是快快活活。

那人揶揄地问：“先生，住七层楼有哪些好处呢?”

苏格拉底说：“好处多着哩！仅举几例吧：每天上下几次，这是很好的锻炼机会，有利于身体健康；七层楼光线好，看书写文章不伤眼睛；没有人在头顶干扰，白天黑夜都非常安静……”

生活中的你是否经常为一些小事而烦恼，甚至有时会感觉这些小事是一座过不去的火焰山呢？如果你有这样的想法，那么就请立刻抛弃。想想你曾经经历过的那些更大的灾难，当面临这些灾难时，你都能够咬紧牙关挺过来，难道现在这样一道小小的坎就能挡住你前进的脚步吗？

人生箴言：所有烦恼皆来源于心态，放下那些不必要的心事，用洒脱的心态去看待生活中的每一件事，静下心来，用淡定指挥一切，你会发现，生活是何其美好！

山不过来，我们过去

当我们不能改变环境的时候，我们就要适应环境，当我们不能解决困难的时候，我们就要改变自己。如果我们有信心去适应一切环境，那么在任何一种环境里我们都有可能成功。

其实在生活中，有很多琐碎的小事是需要我们去适应的，比如，过集体生活时难免要吃自己不爱吃的菜，如果过于挑剔只会给人留下“此人婆婆妈妈”的印象，倒不如稍稍改变一下自己的口味，也就不会给别人添麻烦了。再比如，在工作中或许会遇到合不来的同事，可是工作上又必须要与之打交道，如果抱定不融洽的心态去合作，那肯定会出问题，倒不如忍耐几分、大度一点，欣赏他的优点，找出交流的渠道，这样也有利于工作的开展。

回教的先知穆罕默德，带着他的40个门徒在山谷里讲道，他说，“信心”是成就任何事物的关键；也就是说，人有信心，就没有不能成功的计划。

一位门徒对他说：“老师，你有信心，你能让那座山过来，让我们站在山顶吗?”穆罕默德对他的门徒满怀信心地把头一点，对山大喊一声：“山，你过来!”他连喊了三次，山谷里响起了他的回声，回声终于消失，山谷又归于宁静。

大家都聚精会神地望着那座山，可是山却纹丝不动。这时穆罕默德说：“山不过来，我们过去吧!”他们开始爬山，经过一番努力，终于到达了山顶，他们因信心促使希望得到实现而欢呼。

有一位著名的经济学教授，凡是被他教过的学生，少有顺利拿到学分的。因为这位教授平时不苟言笑，教学方法古板，分派作业既多且难，结果学生们不是选择逃学，就是浑水摸鱼，宁可被罚，也不愿多听老夫子讲一句。但这位教授可是国内首屈一指的经济学专家，叫得出名字的几位财经人才，都是他的得意门生。谁若是想在经济学这个领域内闯出一点儿名堂，首先得过了他这一关才行。

一天，教授身边紧跟着一名学生，二人有说有笑，惊煞了旁人。后来，就有人问那位学生说："干吗对那种八股教授跟前跟后地巴结呀！你有点儿骨气好不好！"那位学生回答道："你们听说过穆罕默德唤山吗？穆罕默德向群众宣称，他可以叫山移至他的面前来，等呼唤了三次之后，山仍然屹立不动，丝毫没有向他靠近半寸；然后，穆罕默德又说，山既然不过来，那我自己走过去好了。教授就好比是那座山，而我就好比是穆罕默德，既然教授不能顺从我想要的学习方式，只好我去适应教授的授课理念。反正，我的目的是学好经济学，既然是要入宝山取宝，宝山不过来，我当然是自己过去喽！"

这名学生，果然出类拔萃，毕业后没几年，就成为金融界响当当的人物，而那些骄傲的同学，都还停留在原地"唤山"呢！

想想我们所面对的人生，其实，唤山不来，该不该去走上山呢？其实，随着外在环境的变异而调整适应能力，要比一厢情愿地抛出自我的喊声等待回响，来得有智慧的多了。

在工作中我们会遇到很多问题，有的人动辄以"专家"自居，别人的都是"业余"，认为自己是最有经验的，自己的方案是最好的，看别人操作什么都觉得不顺眼。是的，你的方案可能是最好的，问题是为什么屡被抗拒呢？

或是因为别人反对你，并不是因为你的解决方案不好，而是你的态度和方式别人无法接受。因为无法接受你的态度，进而否定你的方案。并不

是每个人都会和你保持一样的工作方式和节奏，要求别人与自己同一步调，显然也并不现实。如果我们可以先放低自己，和别人保持同一频率，然后再将他带到自己的频率上来，那么效果就会很好。所以，我们才需要一种“山不过来，我们过去”的心态，事实上做人处世常常也就是一种相互妥协的过程，不能适应者迟早是要出局的。

人生箴言：当做任何尝试都无法再改变什么的时候，不妨学着适应。有时，一种来自于适应后的融入，反而更能激发出生命的潜能。等到你具备了一定的条件与能力时，该适应你的，自然就会臣服了。山不过来，我们过去，会达到同样的效果。

唯一的出路

生活在给了我们快乐的同时，也给了我们数不清的失落和伤心，真正的人生需要磨炼，面对这些不如意，我们不要总是抱怨，而要打起精神，把心中的怨气转化为争气。

在化学中有一种试剂叫“格氏试剂”，这种试剂是世界上最多能的试剂之一。它的发明者就是克多·格林尼亚，他于1921年获得了诺贝尔奖。

格林尼亚在青少年时代曾经是游手好闲、荒废学业的“二流子”，家境的优裕和父母的溺爱使得他放荡不羁，整天吃喝玩乐。但是，一次偶然的机会使他觉醒：在他21岁那年的一次舞会土，一位美丽的姑娘引起格林尼亚的注意，他走上前去邀请姑娘共舞，却被姑娘冷冷地拒绝了。格林尼亚以为自己冒昧，连忙表示歉意，姑娘却冷冷地说：“请站远一点儿

吧，我最讨厌被像你这样的花花公子挡住视线。”这话恰似当头一棒，如利剑般深深地刺痛了格林尼亚的心。

回家后，他一头扎在床上，在羞愧和痛苦中回顾自己的所为，并下决心悔改，要做一个对人类有用的人。于是他悄然离家，给父母留下字条：“请不要探听我的下落，容许我努力学习，我相信自己将来会创造出一些成绩来的。”

从此，他埋头苦读，仅用了两年的时间就补上了荒废的学业，考上了法国里昂大学。他以严谨的科学态度发现并纠正了著名化学家巴尔尼教授的一些成绩中的疏忽和错误，发明了“格氏试剂”，他的美好夙愿终于实现了。里昂大学破格授予他博士学位，他成为诺贝尔奖的获得者。

无论受到什么样不公平的待遇，都要将自己的心态摆正，面对责难，不要自暴自弃，而要冷静面对，把侮辱变成对自己的激励。

这类的例子数不胜数，美国总统罗斯福也是如此，他没有为自己身体的缺陷而自卑，反而把这变成奋斗的力量，做出了一番不朽的成就。

美国总统罗斯福是一个有缺陷的人，小时候是一个脆弱胆小的学生，在学校课堂上总显露出一种惊惧的表情。他呼吸就好像喘大气一样。如果被喊起来背诵，立即会双腿发抖，嘴唇也颤动不已，回答问题时含含糊糊，吞吞吐吐，然后颓然地坐下来。由于牙齿的暴露，难堪的境地使他更没有一个好的面孔。

像他这样一个小孩，自我的感觉一定很敏感，常会回避同学间的任何活动，不喜欢交朋友，成为一个只知自怜的人！然而，罗斯福虽然有这方面的缺陷，但却有着奋斗的精神——一种任何人都可具有的奋斗精神。事实上，缺陷促使他更加努力奋斗。他没有因为同伴对他的嘲笑而减低勇气。他用坚强的意志，咬紧自己的牙床使嘴唇不颤动来克服惧怕。

没有一个人能比罗斯福更了解自己，他清楚自己身体上的种种缺陷。他从来不欺骗自己，认为自己是勇敢、强壮或好看的。他用行动来证明自

己可以克服先天的障碍。

凡是他能克服的缺点他便克服，不能克服的他便加以利用。通过演讲，他学会了如何利用一种假声，掩饰他那无人不知的龅牙，以及他的打桩工人的姿态。虽然他的演讲中并不具有任何惊人之处，但他不因自己的声音和姿态而遭失败。他没有洪亮的声音或是威严的姿态，也不像有些人那样具有惊人的辞令，然而在当时，他却是最有力量的演说家之一。

由于罗斯福没有在缺陷面前退缩和消沉，而是充分、全面地认识自己，在意识到自我缺陷的同时，能正确地评价自己，在顽强之中抗争。不因缺憾而气馁，甚至将它加以利用，变为资本，变为扶梯而登上巅峰。在晚年，已经很少有人知道他曾有严重的缺憾。

人生箴言：面对生活中的各种挫折和烦恼，人最重要的就是要摆正心态，要遇事沉着冷静，主动想办法去解决。一味地抱怨与生气，最终受伤的只有自己。要知道生气并没有用，只有为自己赌口气，自己争气，这才是唯一的出路。